Die schönsten Weihnachtsmärchen

Herausgegeben von
Juliane Beckmann

Fischer Taschenbuch Verlag

Originalausgabe

Veröffentlicht im Fischer Taschenbuch Verlag,
einem Unternehmen der S. Fischer Verlag GmbH,
Frankfurt am Main, November 2010

Für diese Ausgabe:

Satz: Dörlemann Satz, Lemförde
Druck und Bindung: CPI – Clausen & Bosse, Leck
Printed in Germany
ISBN 978-3-596-90313-9

Unsere Adressen im Internet:
www.fischerverlage.de
www.fischer-klassik.de

Inhalt

Sophie Reinheimer Der Schnee 7
Hermann Löns Der allererste Weihnachtsbaum 15
Hans Christian Andersen Der Tannenbaum 21
Manfred Kyber Der kleine Tannenbaum 31
Heinrich Pröhle Das Tannenbäumchen Waldgrüne 35
Marie Hermes von Baer Schlitzohrs Weihnachten 37
Anonymus Die Stadtmaus und die Feldmaus 41
Luise Büchner Die Geschichte von der Frau Holle 45
Adolf Gelber Schneewittchens Weihnachten im Walde 54
E. T. A. Hoffmann Nußknacker und Mausekönig 59
Hans Christian Andersen Die Schneekönigin 84
Jón Árnason Die Alfkönigin 116
Svend Grundtvig In Hülle und Fülle 124
Peter Christian Asbjørnsen Die kleinen Leute auf der Sandfläche 129
Jón Árnason Ketil von Silfrunarstad 137
Heinrich Noë Rauhnacht-Abenteuer 143
Hermann Löns Der Wicht vom Heidegrab 149
Anonymus Das fremde Kind 155
Fjodor M. Dostojewski Der Knabe am Weihnachtabend beim Herrn Jesu 158
Auguste Branchart Silberfältchen 163
Georg Ebers Die Nüsse 179
Selma Lagerlöf Die Heilige Nacht 196

Nachweise 203

Sophie Reinheimer

Der Schnee

Heute war Weihnachten. –

Aber erst heute abend! – Jetzt war es noch ganz hell auf der Straße und im Garten, denn es war noch Tag.

»Heute abend ist Weihnachten«, zwitscherten die Spatzen sich im Garten gegenseitig zu, und dann flogen sie zu den Bäumen und Sträuchern hin, um es denen zu erzählen.

Aber die wußten es schon.

»Wir haben gesehen, wie der Christbaum in das Haus getragen wurde«, sagten sie. – Die Spatzen hatten aber noch viel mehr gesehen, denn neugierig, wie sie nun einmal waren, hatten sie sich den ganzen Nachmittag auf dem Fensterbrett herumgetrieben und in das Zimmer geguckt, worin die Weihnachtsbescherung aufgebaut war.

»Den Christbaum«, sagten sie, »haben wir auch gesehen; aber wir hätten ihn beinahe nicht wiedererkannt, so schön war er geschmückt mit Äpfeln und Nüssen und Gold und Silber und bunten Papierketten.«

»Wie schön!« sagten die Bäume und Sträucher und blickten traurig auf ihre kahlen Äste nieder. Da waren nicht einmal mehr Blätter daran. Und der große Apfelbaum auf dem Rasenplatz gedachte wehmütig der schönen Zeit, in der er auch voll schöner roter Äpfel gehangen hatte.

»Vielleicht sind es meine Äpfel, die nun an dem Christbaum hängen«, sagte er. Das wußten freilich die Spatzen nicht; aber noch viel anderes wußten sie und erzählten es.

»Der kleine Junge, der Richard, der kriegt eine Kappe, und Hermine einen Mantel und ein Buch mit Geschichten; wir haben das alles auf dem Tische liegen sehen; auch eine schöne warme Decke für die Großmutter lag dabei, damit sie nicht friert. Aber das Schönste, das kommt erst noch! Heute abend, wenn die vielen Lichter an dem Christbaum erst alle brennen. Das wird herrlich!«

»Ja – ihr habt's gut«, brummte die dicke Pumpe, die auch im Garten stand. »Unsereins kriegt keine Geschenke und sieht nichts von Christbaum und Lichtern. Wenn ich doch auch fliegen könnte!«

Darüber mußten die Spatzen nun furchtbar lachen. Es war doch auch zu komisch, zu denken, daß die dicke Pumpe fliegen könne.

Die andern im Garten gaben aber alle der Pumpe recht.

»Wenn man wenigstens eine Kappe geschenkt bekäme«, riefen die hölzernen Pfähle des Gartenzauns.

»Oder einen schönen Mantel«, meinte das Dach der Laube.

Der Rasen wollte lieber eine warme Decke haben wie die Großmutter, um seine Grashälmchen damit zuzudecken, denn die froren gar gewaltig in dem kalten Winter.

»Ein Buch mit schönen Geschichten wäre auch nicht übel«, sagten die Sträucher. »Es ist doch manchmal ganz entsetzlich langweilig im Winter, wenn keine Schmetterlinge und Vögel kommen, um uns was zu erzählen.«

So wünschte sich alles im Garten etwas. Ja – wünschen konnten sie sich schon – aber wer sollte die Wünsche alle erfüllen? Das Christkind etwa? Ach – das hatte wahrhaftig gerade genug mit den Menschen zu tun.

Traurig blickten Bäume und Sträucher und der Rasenplatz und die Zaunpfähle zum Himmel hinauf; da war es ganz grau, ganz grau.

»Es ist schon das Klügste, wir schlafen ein«, sagte der Rasen. »Zu sehen bekommen wir ja doch nichts von all den Herrlichkeiten; es ist ja auch schon ganz dunkel geworden.« Die anderen dachten das auch, und bald darauf war es im ganzen Garten mäuschenstill. – Alles schlief.

Aber was war das, das plötzlich oben vom Himmel herunterkam? Lauter kleine weiße Flöckchen: Schneeflocken waren es. Was wollten sie wohl? Warum kamen sie herunter auf die Erde?

Und so leise kamen sie, so leise, daß man sie gar nicht hörte. Und nur ganz sachte sprachen sie miteinander.

»Wie kalt das ist«, flüsterten die einen; »es ist nur gut, daß uns die Mutter Wolke unsere weißen Sternmäntelchen angezogen hat.« Sie waren sehr stolz auf ihre schönen weißen Sternmäntel, und die kleinsten von ihnen tanzten in der Luft herum vor lauter Vergnügen.

Ein paar ganz große Flocken waren auch dabei, aber sie flogen schon langsam und vernünftig ihres Weges daher und hielten auch die andern zur Ordnung an.

»Nun macht eure Sache gut«, sagten sie. »Und daß ihr nichts vergeßt! Und daß ihr schön leise macht, damit niemand im Garten aufwacht, sonst ist's mit der Überraschung vorbei.«

Die Schneeflocken nickten stumm. Nun waren die ersten unten im Garten angelangt. Nichts rührte und regte sich darin, alles schlief. Das war den Schneeflocken gerade recht, denn sie hatten eine große Überraschung vor. Leise wanderten sie zu den schlafenden Sträuchern und zu den Bäumen hin und schmückten sie fein zierlich aus. Kein Zweiglein, auch nicht das allerkleinste, wurde vergessen; es sah aus, als wäre alles in Zukker getaucht. Und wie flink die kleinen Schneeflocken bei ihrer Arbeit waren und wie leise sie taten. Es war sehr gut, daß so viele Schneeflocken daran waren, denn es gab eine Menge zu tun. Das Dach der Laube sollte einen Mantelkragen bekommen, so wie es sich einen gewünscht hatte. Das war aber gar nicht so leicht, denn die Laube war schon alt und hatte keinen so festen Schlaf mehr; sie knackste manchmal ganz unheimlich, so daß die Schneeflocken sehr erschraken und schon dachten, die Laube könne aufwachen; aber sie hatte nur im Traum geknackst, so wie die Menschen manchmal im Traum sprechen.

Am meisten Arbeit aber machte doch die Decke für den großen Rasenplatz. Die guten Schneeflocken hatten ihre eigenen Sternenmäntelchen dazu hergegeben, – viele, viele tausend davon lagen schon auf dem Rasen. Aber immer noch war die Decke nicht dick und warm genug, und es mußten immer und immer noch Schneeflocken vom Himmel herunterkommen und ihre Mäntelchen oben drauflegen.

Endlich, endlich war die Decke fertig. Es war eine prachtvolle Decke – so frisch und weiß und warm. Nun froren die armen Grashälmchen sicher nicht mehr.

»Ist nun alles fertig?« fragten die Schneestocken.

»Ach nein – ach nein«, flüsterte es an allen Ecken und Enden, »wir sind noch lange nicht fertig! Es sind aber auch so entsetzlich viele Kappen, die wir aufzusetzen haben. Helft uns doch, helft uns doch, sonst kommt der Morgen und wir sind noch nicht fertig.« – Nun ging es aber husch! husch! an das Austeilen der Kappen. Jedes Ding im Garten, das noch nichts bekommen hatte, bekam ein weißes Schneepelzkäppchen aufgesetzt: jeder Stein, jeder Pfahl am Zaun, sogar die alte Pumpe bekam eins. Weil es aber so arg in der Eile ging, kam es wohl vor, daß eins oder das andere eine Mütze bekam, die ihm zu groß oder zu klein war – oder daß sie ihm schief auf dem Kopfe saß. Aber das schadete nichts. Die Hauptsache war, daß niemand vergessen wurde und daß man bald fertig war. Und man war bald fertig. Nun brauchten keine Schneeflocken mehr zu kommen. Nur noch ein paar wurden von der Mutter Wolke herabgeschickt; die sollten nachsehen, ob die andern ihre Sache gut gemacht hatten. Das hatten sie wirklich, man konnte mit ihnen zufrieden sein.

Und nun war eine Weile wieder alles ganz still im Garten. Aber dann am anderen Morgen – das hättet ihr sehen sollen! Das war ein Erstaunen, ein Jubel und eine Freude, als nach und nach alle aufwachten und die Bescherung sahen. Die Sträucher wagten sich nicht zu rühren aus Angst, etwas von dem herrlichen Schmuck zu verlieren. Der Rasenplatz war glücklich über die schöne, warme Decke, die alte Laube aber, die sonst immer als erste aufgewacht war vor Kälte, die wachte heute zu allerletzt auf, so gut hatte sie in ihrem warmen Kragen geschlafen.

Am allermeisten Vergnügen hatten aber doch die Zaunpfähle.

»Dürfen wir diese schönen Kappen nun wohl immer behalten?« fragten sie. Aber der Morgenwind, der gerade des Weges daherspaziert kam, gab ihnen gleich die gehörige Antwort darauf.

»Wo denkt ihr hin«, sagte er, »wartet nur, bis die Sonne kommt, die wird sie euch schon von den Ohren ziehen; sie mag solche Verwöhnung nicht leiden.« Er ärgerte gern ein bißchen die Leute, der Morgenwind. »Pff!« machte er und blies noch rasch im Vorbeigehen dem einen Strauch ein bißchen von seinem Schmuck herunter, so daß ein kleines weißes Schneewölkchen in die Höhe flog.

Nun kam noch ein anderer Besuch in den Garten, ein Rabe, ganz feierlich, im schwarzen Anzug.

Er habe von der herrlichen Bescherung gehört und komme, sie sich anzusehen, sagte er. Dabei nahm er auf der alten Pumpe Platz.

»Was haben Sie denn da für eine Schlafmütze auf?« fragte er. »Sind Sie so faul, daß Sie eine brauchen?« Und dabei hob er das eine Bein und strich der Pumpe die schöne, neue Kappe vom Kopfe herunter.

»Mach, daß du fortkommst, Grobian!« sagte sie und drohte ihm mit ihrem Schwengel, so daß der Rabe Angst bekam und fortflog.

»Ich will einmal probieren, wie sich's auf dem neuen Teppich geht«, sagte er. »Ganz schön, nur ein bißchen glatt ist er, so ganz ohne Muster, ich will euch eins daraufmachen.«

Und nun hüpfte er auf dem Teppich herum, und überall, wo er hinhüpfte, gab es Striche, so daß der Teppich wirklich ganz gemustert aussah. Die andern fanden, daß der Teppich früher viel schöner gewesen war; aber dem Raben gefiel es so viel besser, und er hätte sicher noch mehr Muster auf den Teppich gemacht, wenn – ja wenn nicht plötzlich mit großer Geschwindigkeit etwas Rotes dahergesaust gekommen wäre. Es war ein Schlitten. Die Kinder hatten ihn zu Weihnachten bekommen und freuten sich nun sehr, daß das Christkind ihnen auch den Schnee dazu geschickt hatte. Rings um den Rasen herum ging die fröhliche Fahrt. Dann wurde haltgemacht, und nun kamen die Schneeballen an die Reihe. Hui! da flogen sie – hier einer, da einer. Es war ein großes Vergnügen, ein richtiges, echtes Wintervergnügen.

Aber das Schönste kam noch. Das Schönste war ein Schneemann, den die Kinder aufbauten, gerade vor der alten Laube, als stehe er Schildwache davor. Es war ein prächtiger Schneemann, er mußte jedem gefallen, und er gefiel auch allen.

»Ein netter Kamerad, den wir da bekommen haben«, sagten die Zaunpfähle. »Hoffentlich versteht er sich auch aufs Erzählen, damit wir ein wenig Unterhaltung haben.«

Es wagte aber niemand, den Schneemann anzureden.

Glücklicherweise fing dieser von selbst an.

»Guten Morgen!« sagte er. »Guten Morgen!« antwortete es von allen Seiten.

»Es ist schönes Wetter heute«, sagte der Schneemann; etwas anderes fiel ihm gerade nicht ein.

»Ja – aber heute nacht hat es geschneit.«

»Hm« – machte der Schneemann, »natürlich hat es geschneit – stände ich sonst hier? – Nein, dann hätte ich sicher mit der Wolke noch ein gut Stück weiterreisen können und hätte noch viel von der Welt gesehen.«

»Ei«, sagten die Sträucher, »Sie haben gewiß schon schöne Reisen bis hierher gemacht, wollen Sie uns nicht davon erzählen?«

»Gern«, sagte der Schneemann. – Und dann erzählte er.

»Ihr habt doch vorhin die Kinder in ihren Schlitten fahren sehen? Das war ein Vergnügen, nicht wahr? Was würden diese Kinder wohl erst für ein Vergnügen haben, wenn sie in dem Lande wohnten, von dem ich mit der Schneewolke hergereist bin. Da liegt nämlich das ganze Jahr hindurch Schnee, so daß man immer Schlitten fahren muß. Das ist lustig, nicht wahr? Die Schlitten werden aber dort von großen Tieren gezogen, man nennt sie Rentiere. Die armen Tiere; der Schnee deckt ihnen oft alles Futter auf der Erde zu, sie müssen es sich erst unter dem Schnee hervorholen. Ich habe sie mit ihren großen Hörnern den Schnee fortschaufeln sehen. In diesem Lande ist es bitter kalt. Die Leute haben immer dicke Pelze an. Ja, wenn man mit einer

Schneewolke reist wie ich, dann bekommt man wirklich viel Merkwürdiges zu sehen.

Habt ihr vielleicht schon einmal ein Haus aus Schnee gesehen? Nein, aber ich habe eins gesehen – ja, ja, eine richtige kleine Hütte war's, mit Fenstern und Tür und Schornstein; auch Leute wohnten drin. Meint ihr vielleicht, die Leute hätten in ihren Schneehütten gefroren? O nein, der Schnee hielt sie schön warm. Der Schnee macht überhaupt schön warm. Einmal sah ich einen Mann, der hatte sich seine Nase rot und blau gefroren. Was glaubt ihr, was der tat? Er hob Schnee von der Erde auf und rieb sich seine Nase damit, und als er dies ein paarmal getan hatte, da war die Nase wieder heil, und der Mann war dem Schnee sehr dankbar dafür.

Ich habe auf meiner Reise noch mehr Leute gesehen, die sich freuten, daß es geschneit hatte. Da war zum Beispiel ein Mann, der mußte in der Nacht durch den Wald nach Hause gehen. Er hatte keine Laterne bei sich und hätte sich sicher im Walde verloren, wenn nicht der Weg und der ganze Wald voll Schnee gelegen hätte. Der Schnee machte so hell, daß der Mann doch seinen Weg nach Hause fand. Freilich manchen habe ich auch gesehen, der freute sich gar nicht über den Schnee. Zum Beispiel der Tannenbaum in dem Walde, der an der Schneelast auf seinen Zweigen schwer zu tragen hatte. Oder die Leute, denen der Schnee eine hohe Mauer vor der Tür gebaut hatte, so daß sie gar nicht herauskonnten. Und dann die, denen vom Dach eine Schneelawine auf den Kopf fiel, und die, denen der Sturm soviel Schnee in die Augen blies, daß sie gar nicht sehen konnten.«

In diesem Augenblick kam die Sonne hinter den Wolken hervor.

»Uff!« machte der Schneemann auf einmal, »da ist sie. Nun ist es aus mit mir, ihr werdet es gleich sehen.«

Sie sahen aber zuerst gar nichts, als daß auf einmal aller Schnee ganz wunderschön in der Sonne glitzerte. Es war eine wahre Pracht, die die Sonne da hervorgezaubert hatte. »Traut ihr nicht«, sagte der Schneemann, »die Herrlichkeit wird gleich zu

Ende sein. Oh, wäre ich doch mit der Wolke fortgezogen, weiter zu den hohen Bergen hin, wo es so herrlich kalt ist, daß die Schneeflocken nicht in der Sonne zu sterben brauchen, sondern in Eis verwandelt werden und ewig leben.«

So sprach der Schneemann.

Aber was war denn das? Der ganze Garten weinte ja auf einmal. Von jedem Strauch, von jedem Zaunpfahl, von der Laube und von der Pumpe fielen große Tropfen herab in den Schnee, und jeder machte ein Loch hinein. Weinten sie alle, weil der Schneemann vom Sterben sprach, der Schneemann, der ihnen so hübsch erzählt hatte?

Ach nein – es war Tauwetter eingetroffen, das war's. Immer mehr Sonnenstrahlen kamen, und jeder schmolz ein bißchen von dem Schnee hinweg, jeder ließ ein Stückchen Herrlichkeit zerfließen.

Und gerade, als sie am allerschönsten war.

Aber so geht es ja immer.

Hermann Löns

Der allererste Weihnachtsbaum

Der Weihnachtsmann ging durch den Wald. Er war ärgerlich. Sein weißer Spitz, der sonst immer lustig bellend vor ihm auf lief, merkte das und schlich hinter seinem Herrn mit eingezogener Rute her.

Er hatte nämlich nicht mehr die rechte Freude an seiner Tätigkeit. Es war alle Jahre dasselbe. Es war kein Schwung in der Sache. Spielzeug und Eßwaren, das war auf die Dauer nichts. Die Kinder freuten sich wohl darüber, aber quieken sollten sie und jubeln und singen, so wollte er es, das taten sie aber nur selten.

Den ganzen Dezembermonat hatte der Weihnachtsmann schon darüber nachgegrübelt, was er wohl Neues erfinden könne, um einmal wieder eine rechte Weihnachtsfreude in die Kinderwelt zu bringen, eine Weihnachtsfreude, an der auch die Großen teilnehmen würden. Kostbarkeiten durften es auch nicht sein, denn er hatte so und soviel auszugeben und mehr nicht.

So stapfte er denn auch durch den verschneitem Wald, bis er auf dem Kreuzwege war, dort wollte er das Christkindchen treffen. Mit dem beriet er sich nämlich immer über die Verteilung der Gaben.

Schon von weitem sah er, daß das Christkindchen da war, denn ein heller Schein war dort. Das Christkindchen hatte ein langes, weißes Pelzkleidchen an und lachte über das ganze Gesicht. Denn um es herum lagen große Bündel Kleeheu und Bohnenstiegen und Espen- und Weidenzweige, und daran taten sich die hungrigen Hirsche und Rehe und Hasen gütlich. Sogar für die Sauen gab es etwas, Kastanien, Eicheln und Rüben.

Der Weihnachtsmann nahm seinen Wolkenschieber ab und bot dem Christkindchen die Tageszeit. »Na, Alterchen, wie geht's?« fragte das Christkind, »hast wohl schlechte Laune?«

Damit hakte es den Alten unter und ging mit ihm. Hinter ihnen trabte der kleine Spitz, aber er sah gar nicht mehr betrübt aus und hielt seinen Schwanz kühn in die Luft.

»Ja,« sagte der Weihnachtsmann, »die ganze Sache macht mir so recht keinen Spaß mehr. Liegt es am Alter oder an sonst was, ich weiß nicht, ich hab kein Fiduz mehr dazu. Das mit den Pfefferkuchen und den Äpfeln und Nüssen das ist nichts mehr. Das essen sie auf und dann ist das Fest vorbei. Man müßte etwas Neues erfinden, etwas, das nicht zum Essen und nicht zum Spielen ist, aber wobei Alt und Jung singt und lacht und fröhlich wird.«

Das Christkindchen nickte und machte ein nachdenkliches Gesicht; dann sagte es: »Da hast du recht, Alter, mir ist das auch schon aufgefallen. Ich habe daran auch schon gedacht, aber das ist nicht so leicht.«

»Das ist es ja gerade,« knurrte der Weihnachtsmann, »ich bin zu alt und zu dumm dazu. Ich habe schon richtiges Kopfweh von dem alten Nachdenken, und es fällt mir doch nichts Vernünftiges ein. Wenn es so weiter geht, schläft allmählich die ganze Sache ein, und es wird ein Fest wie alle anderen, von dem die Menschen dann weiter nichts haben als Faulenzen, Essen und Trinken.«

Nachdenklich gingen beide durch den weißen Winterwald, der Weihnachtsmann mit brummigem, das Christkindchen mit nachdenklichem Gesichte. Es war so still im Walde, kein Zweig rührte sich, nur, wenn die Eule sich auf einen Ast setzte, fiel ein Stück Schneebehang mit halblautem Ton herab. So kamen die beiden, den Spitz hinter sich, aus dem hohen Holze auf einen alten Kahlschlag, auf dem große und kleine Tannen standen. Das sah nun wunderschön aus. Der Mond schien hell und klar, alle Sterne leuchteten, der Schnee sah aus wie Silber und die Tannen standen darin, schwarz und weiß, daß es eine Pracht war. Eine fünf Fuß hohe Tanne, die allein im Vordergrunde stand, sah besonders reizend aus. Sie war regelmäßig gewachsen, hatte auf jedem Zweig einen Schneestreifen, an den Zweigspitzen kleine

Eiszapfen, und glitzerte und flimmerte nur so im Mondenschein.

Das Christkindchen ließ den Arm des Weihnachtsmanns los, stieß den Alten an, zeigte auf die Tanne und sagte: »Ist das nicht wunderhübsch?«

»Ja,« sagte der Alte, »aber was hilft mir das?«

»Gib ein paar Äpfel her,« sagte das Christkindchen, »ich habe einen Gedanken.«

Der Weihnachtsmann machte ein dummes Gesicht, denn er konnte es sich nicht recht vorstellen, daß das Christkind bei der Kälte Appetit auf die eiskalten Äpfel hatte. Er hatte zwar noch einen guten alten Schnaps in seinem Dachsholster, aber den mochte er dem Christkindchen nicht anbieten.

Er machte sein Tragband ab, stellte seine riesige Kiepe in den Schnee, kramte darin herum und langte ein paar recht schöne Äpfel heraus. Dann faßte er in die Tasche, holte sein Messer heraus, wetzte es an einem Buchenstamm und reichte es dem Christkindchen.

»Sieh, wie schlau du bist,« sagte das Christkindchen. »Nun schneid' mal etwas Bindfaden in zweifingerlange Stücke, und mach mir kleine spitze Pflöckchen.«

Dem Alten kam das alles etwas ulkig vor, aber er sagte nichts, und tat, was das Christkind ihm sagte. Als er die Bindfadenenden und die Pflöckchen fertig hatte, nahm das Christkind einen Apfel, steckte ein Pflöckchen hinein, band den Faden daran und hängte den an einen Ast.

»So,« sagte es dann, »nun müssen auch an die anderen welche und dabei kannst du helfen, aber vorsichtig, daß kein Schnee abfällt!«

Der Alte half, obgleich er nicht wußte, warum. Aber es machte ihm schließlich Spaß, und als die ganze kleine Tanne voll von rotbäckigen Äpfeln hing, da trat er fünf Schritte zurück, lachte und sagte: »Kiek, wie niedlich das aussieht! Aber was hat das alles für 'n Zweck?«

»Braucht denn alles gleich einen Zweck zu haben?« lachte das

Christkind. »Paß auf, das wird noch schöner. Nun gib mal Nüsse her!«

Der Alte krabbelte aus seiner Kiepe Walnüsse heraus und gab sie dem Christkindchen. Das steckte in jedes ein Hölzchen, machte einen Faden daran, rieb immer eine Nuß an der goldenen Oberseite seiner Flügel und dann war die Nuß golden, und die nächste an der silbernen Unterseite seiner Flügel, und dann hatte es eine silberne Nuß, und hängte die zwischen die Äpfel.

»Was sagst' nun, Alterchen?« fragte es dann, »ist das nicht allerliebst?«

»Ja,« sagte der, »aber ich weiß immer noch nicht –«

»Kommt schon!« lachte das Christkindchen. »Hast du Lichter?«

»Lichter nicht,« meinte der Weihnachtsmann, »aber 'n Wachsstock!«

»Das ist fein,« sagte das Christkind, nahm den Wachsstock, zerschnitt ihn und drehte erst ein Stück um den Mitteltrieb des Bäumchens und die anderen Stücke um die Zweigenden, bog sie hübsch gerade und sagte dann: »Feuerzeug hast du doch?«

»Gewiß,« sagte der Alte, holte Stein, Stahl und Schwammdose heraus, pinkte Feuer aus dem Stein, ließ den Zunder in der Schwammdose zum Glimmen kommen und steckte daran ein paar Schwefelspäne an. Die gab er dem Christkindchen. Das nahm einen hellbrennenden Schwefelspan und steckte damit erst das oberste Licht an, dann das nächste davon rechts, dann das gegenüberliegende, und rund um das Bäumchen gehend, brachte es so ein Licht nach dem andern zum Brennen.

Da stand nun das Bäumchen im Schnee; aus seinem halbverschneiten dunklen Gezweig sahen die roten Backen der Äpfel, die Gold- und Silbernüsse blitzten und funkelten und die gelben Wachskerzen brannten feierlich. Das Christkindchen lachte über das ganze rosige Gesicht und patschte in die Hände, der alte Weihnachtsmann sah gar nicht mehr so brummig aus, und der kleine weiße Spitz sprang hin und her und bellte.

Als die Lichter ein wenig heruntergebrannt waren, wehte

das Christkindchen mit seinen goldsilbernen Flügeln, und da gingen die Lichter aus. Es sagte dem Weihnachtsmann, er solle das Bäumchen vorsichtig absägen. Das tat der, und dann gingen beide den Berg hinab und nahmen das bunte Bäumchen mit.

Als sie in den Ort kamen, schlief schon alles. Beim kleinsten Hause machten die beiden Halt. Das Christkind machte leise die Tür auf und trat ein; der Weihnachtsmann ging hinterher. In der Stube stand ein dreibeiniger Schemel mit einer durchlochten Platte, den stellten sie auf den Tisch und steckten den Baum hinein. Der Weihnachtsmann legte dann noch allerlei schöne Dinge, Spielzeug, Kuchen, Äpfel und Nüsse unter den Baum, und dann verließen beide das Haus ebenso leise, wie sie es betreten hatten.

Als der Mann, dem das Häuschen gehörte, am andern Morgen erwachte und den bunten Baum sah, da staunte er und wußte nicht, was er dazu sagen sollte. Als er aber an dem Türpfosten, den des Christkinds Flügel gestreift hatte, Gold- und Silberflimmer hängen sah, da wußte er Bescheid. Er steckte die Lichter an dem Bäumchen an und weckte Frau und Kinder.

Das war eine Freude in dem kleinen Hause, wie an keinem Weihnachtstage. Keines von den Kindern sah nach dem Spielzeug und nach dem Kuchen und den Äpfeln, sie sahen nur alle nach dem Lichterbaum. Sie faßten sich an die Hände, tanzten um den Baum und sangen alle Weihnachtslieder, die sie wußten, und selbst das Kleinste, was noch auf dem Arme getragen wurde, krähte, was es krähen konnte.

Vor dem Fenster aber standen das Christkindchen und der Weihnachtsmann und sahen lächelnd zu.

Als es hellichter Tag geworden war, da kamen die Freunde und Verwandten des Bergmanns, sahen sich das Bäumchen an, freuten sich darüber und gingen gleich in den Wald, um sich für ihre Kinder auch ein Weihnachtsbäumchen zu holen. Die anderen Leute, die das sahen, machten es nach, jeder holte sich einen Tannenbaum und putzte ihn an, der eine so, der andere so, aber Lichter, Apfel und Nüsse hängten sie alle daran.

Als es dann Abend wurde, brannte im ganzen Dorfe Haus bei

Haus ein Weihnachtsbaum, überall hörte man Weihnachtslieder und das Jubeln und Lachen der Kinder.

Von da aus ist der Weihnachtsmann über ganz Deutschland gewandert und von da über die ganze Erde. Weil aber der erste Weihnachtsbaum am Morgen brannte, so wird in manchen Gegenden den Kindern morgens beschert.

Hans Christian Andersen

Der Tannenbaum

Draußen im Walde stand ein niedlicher, kleiner Tannenbaum; er hatte einen guten Platz, Sonne konnte er bekommen, Luft war genug da, und ringsumher wuchsen viel größere Kameraden, sowohl Tannen als Fichten. Aber dem kleinen Tannenbaum schien nichts so wichtig als das Wachsen; er achtete nicht der warmen Sonne und der frischen Luft, er kümmerte sich nicht um die Bauerkinder, die da gingen und plauderten, wenn sie herausgekommen waren, um Erdbeeren und Himbeeren zu sammeln. Oft kamen sie mit einem ganzen Topf voll oder hatten Erdbeeren auf einen Strohhalm gezogen, dann setzten sie sich neben den kleinen Tannenbaum und sagten: »Wie niedlich klein ist der!« Das mochte der Baum gar nicht hören.

Im folgenden Jahre war er ein langes Glied größer, und das Jahr darauf war er um noch eins länger, denn bei den Tannenbäumen kann man immer an den vielen Gliedern, die sie haben, sehen, wie viele Jahre sie gewachsen sind.

»O, wäre ich doch so ein großer Baum wie die andern!«, seufzte das kleine Bäumchen. »Dann könnte ich meine Zweige so weit umher ausbreiten und mit der Krone in die weite Welt hinausblicken! Die Vögel würden dann Nester zwischen meinen Zweigen bauen, und wenn der Wind weht, könnte ich so vornehm nicken, gerade wie die andern dort!«

Er hatte gar keine Freude am Sonnenschein, an den Vögeln und den roten Wolken, die morgens und abends über ihn hinsegelten.

War es nun Winter und der Schnee lag ringsumher funkelnd weiß, so kam häufig ein Hase angesprungen und setzte gerade über den kleinen Baum weg. O, das war ärgerlich! Aber zwei Winter vergingen und im dritten war das Bäumchen so groß, dass der Hase um dasselbe herumlaufen musste. »O, wachsen,

wachsen, groß und alt werden, das ist doch das einzige Schöne in dieser Welt!«, dachte der Baum.

Im Herbst kamen immer Holzhauer und fällten einige der größten Bäume; das geschah jedes Jahr und dem jungen Tannenbaum, der nun ganz gut gewachsen war, schauderte dabei; denn die großen, prächtigen Bäume fielen mit Knacken und Krachen zur Erde, die Zweige wurden abgehauen, die Bäume sahen ganz nackt, lang und schmal aus; sie waren fast nicht zu erkennen. Aber dann wurden sie auf Wagen gelegt und Pferde zogen sie davon, aus dem Walde hinaus.

Wohin sollten sie? Was stand ihnen bevor?

Im Frühjahr, als die Schwalben und Störche kamen, fragte sie der Baum: »Wisst ihr nicht, wohin sie geführt wurden? Seid ihr ihnen begegnet?«

Die Schwalben wussten nichts, aber der Storch sah nachdenkend aus, nickte mit dem Kopfe und sagte: »Ja, ich glaube wohl; mir begegneten viele neue Schiffe, als ich aus Ägypten flog; auf den Schiffen waren prächtige Mastbäume; ich darf annehmen, dass sie es waren, sie hatten Tannengeruch; ich kann vielmals grüßen, sie prangen, sie prangen!«

»O, wäre ich doch auch groß genug, um über das Meer hinfahren zu können! Was ist das eigentlich, dieses Meer, und wie sieht es aus?«

»Ja, das ist weitläufig zu erklären!«, sagte der Storch und damit ging er.

»Freue dich deiner Jugend!«, sagten die Sonnenstrahlen; »freue dich deines frischen Wachstums, des jungen Lebens, das in dir ist!«

Und der Wind küsste den Baum und der Tau weinte Tränen über denselben, aber das verstand der Tannenbaum nicht.

Wenn es gegen die Weihnachtszeit war, wurden ganz junge Bäume gefällt, Bäume, die oft nicht einmal so groß oder gleichen Alters mit diesem Tannenbaume waren, der weder Rast noch Ruhe hatte, sondern immer davonwollte; diese jungen Bäume und es waren gerade die allerschönsten, behielten immer alle ihre Zweige; sie wurden auf Wagen gelegt und Pferde zogen sie von dannen zum Walde hinaus.

»Wohin sollen diese?«, fragte der Tannenbaum. »Sie sind nicht größer als ich, einer ist sogar viel kleiner; weswegen behalten sie alle ihre Zweige? Wohin fahren sie?«

»Das wissen wir! Das wissen wir!«, zwitscherten die Sperlinge. »Unten in der Stadt haben wir in die Fenster gesehen! Wir wissen, wohin sie fahren! O, sie gelangen zur größten Pracht und Herrlichkeit, die man sich denken kann! Wir haben in die Fenster gesehen und erblickt, dass sie mitten in der warmen Stube aufgepflanzt und mit den schönsten Sachen, vergoldeten Äpfeln, Honigkuchen, Spielzeug und vielen hundert Lichtern geschmückt werden.«

»Und dann?«, fragte der Tannenbaum und bebte in allen Zweigen. »Und dann? Was geschieht dann?«

»Ja, mehr haben wir nicht gesehen! Das war unvergleichlich schön!«

»Ob ich wohl bestimmt bin, diesen strahlenden Weg zu betreten?«, jubelte der Tannenbaum. »Das ist noch besser, als über das Meer zu ziehen! Wie leide ich an Sehnsucht! Wäre es doch Weihnachten! Nun bin ich hoch und entfaltet wie die andern, die im vorigen Jahre davongeführt wurden! O, wäre ich erst auf dem Wagen, wäre ich doch in der warmen Stube mit all der Pracht und Herrlichkeit! Und dann? Ja, dann kommt noch etwas Besseres, noch Schöneres, warum würden sie mich sonst so schmücken? Es muss noch etwas Größeres, Herrlicheres kommen! Aber was? O, ich leide, ich sehne mich, ich weiß selbst nicht, wie es mir ist!«

»Freue dich unser!«, sagten die Luft und das Sonnenlicht; »freue dich deiner frischen Jugend im Freien!«

Aber er freute sich durchaus nicht; er wuchs und wuchs, Winter und Sommer stand er grün; dunkelgrün stand er da, die Leute, die ihn sahen, sagten: »Das ist ein schöner Baum!«, und zur Weihnachtszeit wurde er von allen zuerst gefällt. Die Axt hieb tief durch das Mark; der Baum fiel mit einem Seufzer zu

Boden, er fühlte einen Schmerz, eine Ohnmacht, er konnte gar nicht an irgendein Glück denken, er war betrübt, von der Heimat scheiden zu müssen, von dem Flecke, auf dem er emporgeschossen war; er wusste ja, dass er die lieben, alten Kameraden, die kleinen Büsche und Blumen ringsumher nie mehr sehen werde, ja vielleicht nicht einmal die Vögel. Die Abreise hatte durchaus nichts Behagliches.

Der Baum kam erst wieder zu sich selbst, als er im Hofe, mit andern Bäumen abgeladen, einen Mann sagen hörte: »Dieser hier ist prächtig! Wir brauchen nur diesen!«

Nun kamen zwei Diener im vollen Staat und trugen den Tannenbaum in einen großen, schönen Saal. Ringsherum an den Wänden hingen Bilder und bei dem großen Kachelofen standen große chinesische Vasen mit Löwen auf den Deckeln; da waren Wiegestühle, seidene Sofas, große Tische voll von Bilderbüchern und Spielzeug für hundertmal hundert Taler; wenigstens sagten das die Kinder. Der Tannenbaum wurde in ein großes, mit Sand gefülltes Fass gestellt, aber niemand konnte sehen, dass es ein Fass war, denn es wurde rund herum mit grünem Zeug behängt und stand auf einem großen, bunten Teppich. O, wie der Baum bebte! Was wird da doch vorgehen? Sowohl die Diener als die Fräulein schmückten ihn. An einen Zweig hängten sie kleine Netze, aus farbigem Papier ausgeschnitten, jedes Netz war mit Zuckerwerk gefüllt; vergoldete Äpfel und Walnüsse hingen herab, als wären sie festgewachsen, und über hundert rote, blaue und weiße kleine Lichter wurden in den Zweigen festgesteckt. Puppen, die leibhaft wie die Menschen aussahen – der Baum hatte früher nie solche gesehen –, schwebten im Grünen und hoch oben in der Spitze wurde ein Stern von Flittergold befestigt. Das war prächtig, ganz außerordentlich prächtig!

»Heute Abend«, sagten alle, »heute Abend wird es strahlen!«

»O«, dachte der Baum, »wäre es doch Abend! Würden nur die Lichter bald angezündet! Und was dann wohl geschieht? Ob da wohl Bäume aus dem Walde kommen, mich zu sehen? Ob die

Sperlinge gegen die Fensterscheiben fliegen? Ob ich hier festwachse und Winter und Sommer geschmückt stehen werde?«

Ja, er wusste gut Bescheid; aber er hatte ordentlich Borkenschmerzen vor lauter Sehnsucht, und Borkenschmerzen sind für einen Baum eben so schlimm wie Kopfschmerzen für uns andere.

Nun wurden die Lichter angezündet. Welcher Glanz, welche Pracht! Der Baum bebte in allen Zweigen dabei, so dass eins der Lichter das Grüne anbrannte; es sengte ordentlich.

»Gott bewahre uns!«, schrien die Fräulein und löschten es hastig aus.

Nun durfte der Baum nicht einmal beben. O, das war ein Grauen! Ihm war bange, etwas von seinem Staate zu verlieren; er war ganz betäubt von all dem Glanze. Da gingen beide Flügeltüren auf und eine Menge Kinder stürzten herein, als wollten sie den ganzen Baum umwerfen, die älteren Leute kamen bedächtig nach; die Kleinen standen ganz stumm, aber nur einen Augenblick, dann jubelten sie wieder, dass es laut schallte, sie tanzten um den Baum herum, und ein Geschenk nach dem andern wurde abgepflückt.

»Was machen sie?«, dachte der Baum. »Was soll geschehen?« Die Lichter brannten gerade bis auf die Zweige herunter, und je nachdem sie niederbrannten, wurden sie ausgelöscht, und dann erhielten die Kinder die Erlaubnis, den Baum zu plündern. O, sie stürzten auf denselben ein, dass es in allen Zweigen knackte; wäre er nicht mit der Spitze und mit dem Goldsterne an der Decke festgemacht gewesen, so wäre er umgestürzt.

Die Kinder tanzten mit ihrem prächtigen Spielzeug herum, niemand sah nach dem Baume, ausgenommen das alte Kindermädchen, welches kam und zwischen die Zweige blickte; aber es geschah nur, um zu sehen, ob nicht noch eine Feige oder ein Apfel vergessen sei.

»Eine Geschichte, eine Geschichte!«, riefen die Kinder und zogen einen kleinen, dicken Mann gegen den Baum hin, und er setzte sich gerade unter denselben, »denn so sind wir im Grünen«, sagte er, »und der Baum kann besonders Nutzen davon haben, zuzuhören! Aber ich erzähle nur eine Geschichte. Wollt ihr die von Ivede-Avede oder die von Klumpe-Dumpe hören, der die Treppen hinunterfiel und doch erhöht wurde und die Prinzessin erhielt?«

»Ivede-Avede!«, schrien einige, »Klumpe-Dumpe!«, schrien andere. Das war ein Rufen und Schreien! Nur der Tannenbaum schwieg ganz still und dachte: »Komme ich gar nicht mit, werde ich nichts dabei zu tun haben?« Er war ja mit gewesen, hatte ja geleistet, was er sollte.

Der Mann erzählte von Klumpe-Dumpe, welcher die Treppen hinunterfiel und doch erhöht wurde und die Prinzessin erhielt. Und die Kinder klatschten in die Hände und riefen: »Erzähle, erzähle!« Sie wollten auch die Geschichte von Ivede-Avede hören, aber sie bekamen nur die von Klumpe-Dumpe. Der Tannenbaum stand ganz stumm und gedankenvoll, nie hatten die Vögel im Walde dergleichen erzählt. »Klumpe-Dumpe fiel die Treppen hinunter und bekam doch die Prinzessin! Ja, ja, so geht es in der Welt zu!«, dachte der Tannenbaum und glaubte, dass es wahr sei, weil es ein so netter Mann war, der es erzählte. »Ja, ja! Vielleicht falle ich auch die Treppe hinunter und bekomme eine Prinzessin!« Und er freute sich, den nächsten Tag wieder mit Lichtern und Spielzeug Gold und Früchten aufgeputzt zu werden.

»Morgen werde ich nicht zittern!«, dachte er. »Ich will mich recht aller meiner Herrlichkeit freuen. Morgen werde ich wieder die Geschichte von Klumpe-Dumpe und vielleicht auch die von Ivede-Avede hören.« Und der Baum stand die ganze Nacht still und gedankenvoll.

Am Morgen kamen die Diener und das Mädchen herein.

»Nun beginnt der Staat aufs Neue!«, dachte der Baum; aber sie schleppten ihn zum Zimmer hinaus, die Treppe hinauf, auf den Boden und stellten ihn in einen dunkeln Winkel, wohin kein Tageslicht schien. »Was soll das bedeuten?«, dachte der Baum. »Was soll ich hier wohl machen? Was mag ich hier wohl hören sollen?« Er lehnte sich gegen die Mauer und dachte und dachte. Und er hatte Zeit genug, denn es vergingen Tage und Nächte; niemand kam herauf, und als endlich jemand kam, so geschah es, um einige große Kasten in den Winkel zu stellen; der Baum stand ganz versteckt, man musste glauben, dass er ganz vergessen war.

»Nun ist es Winter draußen!«, dachte der Baum. »Die Erde ist hart und mit Schnee bedeckt, die Menschen können mich nicht pflanzen; deshalb soll ich wohl bis zum Frühjahr hier im Schutz stehen! Wie wohl bedacht ist das! Wie die Menschen doch so gut sind! Wäre es hier nur nicht so dunkel und schrecklich einsam! Nicht einmal ein kleiner Hase! Das war doch niedlich da draußen im Walde, wenn der Schnee lag und der Hase vorbeisprang, ja selbst als er über mich hinwegsprang; aber damals mochte ich es nicht leiden. Hier oben ist es doch schrecklich einsam!«

»Pip, pip!«, sagte da eine kleine Maus und huschte hervor; und dann kam noch eine kleine. Sie beschnüffelten den Tannenbaum und dann schlüpften sie zwischen dessen Zweige.

»Es ist eine gräuliche Kälte!«, sagten die kleinen Mäuse. »Sonst ist hier gut sein; nicht wahr, du alter Tannenbaum?«

»Ich bin gar nicht alt!«, sagte der Tannenbaum; »es gibt viele, die weit älter sind denn ich!«

»Woher kommst du«, fragten die Mäuse, »und was weißt du?« Sie waren gewaltig neugierig. »Erzähle uns doch von den schönsten Orten auf Erden! Bist du dort gewesen? Bist du in der Speisekammer gewesen, wo Käse auf den Brettern liegen und Schinken unter der Decke hängen, wo man auf Talglicht tanzt, mager hineingeht und fett herauskommt?«

»Das kenne ich nicht«, sagte der Baum; »aber den Wald kenne ich, wo die Sonne scheint und die Vögel singen!« Und dann erzählte er alles aus seiner Jugend, die kleinen Mäuse hatten früher nie dergleichen gehört, und sie horchten auf und sagten: »Wie viel du gesehen hast! Wie glücklich du gewesen bist!«

»Ich?«, sagte der Tannenbaum und dachte über das, was er selbst erzählte, nach. »Ja, es waren im Grunde ganz fröhliche Zeiten!« Aber dann erzählte er vom Weihnachtsabend, wo er mit Kuchen und Lichtern geschmückt war.

»O«, sagten die kleinen Mäuse, »wie glücklich du gewesen bist, du alter Tannenbaum!«

»Ich bin gar nicht alt!«, sagte der Baum; »erst in diesem Winter bin ich vom Walde gekommen! Ich bin in meinem allerbesten Alter, ich bin nur so aufgeschossen.«

»Wie schön du erzählst!«, sagten die kleinen Mäuse, und in der nächsten Nacht kamen sie mit vier anderen kleinen Mäusen, die den Baum erzählen hören sollten, und je mehr er erzählte, desto deutlicher erinnerte er sich selbst an alles und dachte: »Es waren doch ganz fröhliche Zeiten! Aber sie können wiederkommen, können wiederkommen! Klumpe-Dumpe fiel die Treppe hinunter und erhielt doch die Prinzessin; vielleicht kann ich auch eine Prinzessin bekommen.« Und dann dachte der Tannenbaum an eine kleine niedliche Birke, die draußen im Walde wuchs; das war für den Tannenbaum eine wirkliche schöne Prinzessin.

»Wer ist Klumpe-Dumpe?«, fragten die kleinen Mäuse. Da erzählte der Tannenbaum das ganze Märchen, er konnte sich jedes einzelnen Wortes entsinnen; die kleinen Mäuse waren aus reiner Freude bereit, bis an die Spitze des Baumes zu springen. In der folgenden Nacht kamen weit mehr Mäuse und am Sonntage sogar zwei Ratten, aber die meinten, die Geschichte sei nicht hübsch, und das betrübte die kleinen Mäuse, denn nun hielten sie auch weniger davon.

»Wissen Sie nur die eine Geschichte?«, fragten die Ratten.

»Nur die eine«, antwortete der Baum; »die hörte ich an meinem glücklichsten Abend, aber damals dachte ich nicht daran, wie glücklich ich war.«

»Das ist eine höchst jämmerliche Geschichte! Kennen Sie keine von Speck und Talglicht? Keine Speisekammergeschichte?«

»Nein!«, sagte der Baum.

»Ja, dann danken wir dafür!«, erwiderten die Ratten und gingen zu den ihrigen zurück.

Die kleinen Mäuse blieben zuletzt auch weg, und da seufzte der Baum: »Es war doch ganz hübsch, als sie um mich herumsaßen, die beweglichen kleinen Mäuse, und zuhörten, wie ich erzählte! Nun ist auch das vorbei! Aber ich werde daran denken, mich zu freuen, wenn ich wieder hervorgenommen werde.«

Aber wann geschah das? Ja, es war eines Morgens, da kamen Leute und wirtschafteten auf dem Boden; die Kasten wurden weggesetzt, der Baum wurde hervorgezogen; sie warfen ihn freilich ziemlich hart gegen den Fußboden, aber ein Diener schleppte ihn gleich nach der Treppe hin, wo der Tag leuchtete.

»Nun beginnt das Leben wieder!«, dachte der Baum; er fühlte die frische Luft, die ersten Sonnenstrahlen, und nun war er draußen im Hofe. Alles ging geschwind, der Baum vergaß völlig, sich selbst zu betrachten, da war so vieles ringsumher zu sehen. Der Hof stieß an einen Garten, und alles blühte darin; die Rosen hingen frisch und duftend über das kleine Gitter hinaus, die Lindenbäume blühten, und die Schwalben flogen umher und sagten: »Quirrevirrevit, mein Mann ist kommen!« Aber es war nicht der Tannenbaum, den sie meinten.

»Nun werde ich leben!«, jubelte dieser und breitete seine Zweige weit aus; aber ach, die waren alle vertrocknet und gelb; und er lag da zwischen Unkraut und Nesseln. Der Stern von Goldpapier saß noch oben in der Spitze und glänzte im hellen Sonnenschein.

Im Hofe selbst spielten ein paar der munteren Kinder, die zur Weihnachtszeit den Baum umtanzt hatten und so froh über denselben gewesen waren. Eins der kleinsten lief hin und riss den Goldstern ab.

»Sieh, was da noch an dem hässlichen, alten Tannenbaum sitzt!«, sagte es und trat auf die Zweige, so dass sie unter seinen Stiefeln knackten.

Der Baum sah auf all die Blumenpracht und Frische im Garten, er betrachtete sich selbst und wünschte, dass er in seinem dunkeln Winkel auf dem Boden geblieben wäre; er gedachte seiner frischen Jugend im Walde, des lustigen Weihnachtsabends und der kleinen Mäuse, die so munter die Geschichte von Klumpe-Dumpe angehört hatten.

»Vorbei, vorbei!«, sagte der arme Baum. »Hätte ich mich doch gefreut, als ich es noch konnte! Vorbei, vorbei!«

Der Diener kam und hieb den Baum in kleine Stücke, ein ganzes Bund lag da; hell flackerte es auf unter dem großen Braukessel. Der Baum seufzte tief, und jeder Seufzer war einem kleinen Schusse gleich; deshalb liefen die Kinder, die da spielten, herbei und setzten sich vor das Feuer, blickten in dasselbe hinein und riefen: »Piff, paff!« Aber bei jedem Knalle, der ein tiefer Seufzer war, dachte der Baum an einen Sommerabend im Walde oder an eine Winternacht da draußen, wenn die Sterne funkelten; er dachte an den Weihnachtsabend und an Klumpe-Dumpe, das einzige Märchen, welches er gehört hatte und zu erzählen wusste – und dann war der Baum verbrannt.

Die Knaben spielten im Garten und der kleinste hatte den Goldstern auf der Brust, den der Baum an seinem glücklichsten Abend getragen; nun war der vorbei, und mit dem Baum war es auch vorbei und mit der Geschichte auch; vorbei, vorbei, und so geht es mit allen Geschichten!

Der kleine Tannenbaum

Es war einmal ein kleiner Tannenbaum im tiefen Tannenwalde, der wollte so gerne ein Weihnachtsbaum sein. Aber das ist gar nicht so leicht, als man das meistens in der Tannengesellschaft annimmt, denn der heilige Nikolaus ist in der Beziehung sehr streng und erlaubt nur den Tannen als Weihnachtsbaum in Dorf und Stadt zu spazieren, die dafür ganz ordnungsmäßig in seinem Buch aufgeschrieben sind. Das Buch ist ganz schrecklich groß und dick, so wie sich das für einen guten alten Heiligen geziemt, und damit geht er im Walde herum in den klaren kalten Winternächten und sagt es allen den Tannen, die zum Weihnachtsfeste bestimmt sind. Und dann erschauern die Tannen, die zur Weihnacht erwählt sind, vor Freude und neigen sich dankend, und dazu leuchtet des Heiligen Heiligenschein, und das ist sehr schön und sehr feierlich.

Und der kleine Tannenbaum im tiefen Tannenwalde, der wollte so gerne ein Weihnachtsbaum sein.

Aber manches Jahr schon ist der heilige Nikolaus in den klaren kalten Winternächten an dem kleinen Tannenbaum vorbeigegangen und hat wohl ernst und geschäftig in sein erschrecklich großes Buch geguckt, aber auch nichts und gar nichts dazu gesagt. Der arme kleine Tannenbaum war eben nicht ordnungsmäßig vermerkt – und da ist er sehr, sehr traurig geworden und hat ganz schrecklich geweint, so daß es ordentlich tropfte von allen Zweigen.

Wenn jemand so weint, daß es tropft, so hört man das natürlich, und diesmal hörte das ein kleiner Wicht, der ein grünes Moosröcklein trug, einen grauen Bart und eine feuerrote Nase hatte und in einem dunklen Erdloch wohnte. Das Männchen aß Haselnüsse, am liebsten hohle, und las Bücher, am liebsten dicke, und war ein ganz boshaftes kleines Geschöpf. Aber den

Tannenbaum mochte es gerne leiden, weil es oft von ihm ein paar grüne Nadeln geschenkt bekam für sein gläsernes Pfeifchen, aus dem es immer blaue ringelnde Rauchwolken in die goldene Sonne blies – und darum ist der Wicht auch gleich herausgekommen, als er den Tannenbaum so jämmerlich weinen hörte, und hat gefragt: »Warum weinst du denn so erschrecklich, daß es tropft?«

Da hörte der kleine Tannenbaum etwas auf zu tropfen und erzählte dem Männchen sein Herzeleid. Der Wicht wurde ganz ernst, und seine glühende Nase glühte so sehr, daß man befürchten konnte, das Moosröcklein finge Feuer, aber es war ja nur die Begeisterung, und das ist nicht gefährlich. Der Wichtelmann war also begeistert davon, daß der kleine Tannenbaum im tiefen Tannenwalde so gerne ein Weihnachtsbaum sein wollte, und sagte bedächtig, indem er sich aufrichtete und ein paarmal bedeutsam schluckte:

»Mein lieber kleiner Tannenbaum, es ist zwar unmöglich, dir zu helfen, aber ich bin eben ich, und mir ist es vielleicht doch nicht unmöglich, dir zu helfen. Ich bin nämlich mit einigen Wachslichtern, darunter mit einem ganz bunten, befreundet, und die will ich bitten, zu dir zu kommen. Auch kenne ich ein großes Pfefferkuchenherz, das allerdings nur flüchtig – aber jedenfalls will ich sehen, was sich machen läßt. Vor allem aber weine nicht mehr so erschrecklich, daß es tropft.«

Damit nahm der kleine Wicht einen Eiszapfen in die Hand als Spazierstock und wanderte los durch den tiefen weißverschneiten Wald, der fernen Stadt zu.

Es dauerte sehr, sehr lange, und am Himmel schauten schon die ersten Sterne der heiligen Nacht durchs winterliche Dämmergrau auf die Erde hinab, und der kleine Tannenbaum war schon wieder ganz traurig geworden und dachte, daß er nun doch wieder kein Weihnachtsbaum sein würde. Aber da kam's auch schon ganz eilig und aufgeregt durch den Schnee gestapft, eine ganze kleine Gesellschaft: der Wicht mit dem Eiszapfen in der Hand und hinter ihm sieben Lichtlein – und auch eine Zündholzschachtel war dabei, auf der sogar was draufgedruckt war und die so kurze Beinchen hatte, daß sie nur mühsam durch den Schnee wackeln konnte.

Wie sie nun alle vor dem kleinen Tannenbaum standen, da räusperte sich der kleine Wicht im Moosröcklein vernehmlich, schluckte ein paarmal gar bedeutsam und sagte:

»Ich bin eben ich – und darum sind auch alle meine Bekannten mitgekommen. Es sind sieben Lichtlein aus allervornehmstem Wachs, darunter sogar ein buntes, und auch die Zündholzschachtel ist aus einer ganz besonders guten Familie, denn sie zündet nur an der braunen Reibfläche. Und jetzt wirst du also ein Weihnachtsbaum werden. Was aber das große Pfefferkuchenherz betrifft, das ich nur flüchtig kenne, so hat es auch versprochen zu kommen, es wollte sich nur noch ein Paar warme Filzschuhe kaufen, weil es gar so kalt ist draußen im Walde. Eine Bedingung hat es freilich gemacht: es muß gegessen werden, denn das müssen alle Pfefferkuchenherzen, das ist nun mal so. Ich habe schon einen Dachs benachrichtigt, den ich sehr gut kenne und dem ich einmal in einer Familienangelegenheit einen guten Rat gegeben habe. Er liegt jetzt im Winterschlaf, doch versprach er, als ich ihn weckte, das Pfefferkuchenherz zu speisen. Hoffentlich verschläft er's nicht!«

Als das Männchen das alles gesagt hatte, räusperte es sich wieder vernehmlich und schluckte ein paarmal gar bedeutsam, und dann verschwand es im Erdloch. Die Lichtlein aber sprangen auf den kleinen Tannenbaum hinauf, und die Zündholzschachtel, die aus so guter Familie war, zog sich ein Zündholz nach dem anderen aus dem Magen, strich es an der braunen Reibfläche und steckte alle die Lichtlein der Reihe nach an. Und wie die Lichtlein brannten und leuchteten im tiefverschneiten Walde, da ist auch noch keuchend und atemlos vom eiligen Laufen das Pfefferkuchenherz angekommen und hängte sich sehr freundlich und verbindlich mitten in den grünen Tannenbaum, trotzdem es nun doch die warmen Filzschuhe unterwegs verloren hatte und arg erkältet war. Der kleine Tannenbaum aber, der so gerne ein

Weihnachtsbaum sein wollte, der wußte gar nicht, wie ihm geschah, daß er nun doch ein Weihnachtsbaum war.

Am anderen Morgen aber ist der Dachs aus seiner Höhle gekrochen, um sich das Pfefferkuchenherz zu holen. Und wie er ankam, da hatten es die kleinen Englein schon gegessen, die ja in der heiligen Nacht auf die Erde dürfen und die so gerne die Pfefferkuchenherzen speisen. Da ist der Dachs sehr böse geworden und hat sich bitter beklagt und ganz furchtbar auf den kleinen Tannenbaum geschimpft.

Dem aber war das ganz einerlei, denn wer einmal in seinem Leben seine heilige Weihnacht gefeiert hat, den stört auch der frechste Frechdachs nicht mehr.

Heinrich Pröhle

Das Tannenbäumchen Waldgrüne

Das Weihnachtsfest war nahe herangekommen und aus dem Walde gingen viele Tannen in die Hauptstadt des Landes bei dem schlechten Wege immer durch Dick und Dünn. Wenn Jemand sie fragte: wo wollt ihr Tannen denn hin? so antworteten sie: wir wollen in die Stadt und den Herrn Christ loben.

Ein ganz kleines Tannenbäumchen, das im Walde neben seiner Mutter stand, lief immer hinter seiner Mutter her, als diese sich auch nach der Hauptstadt aufmachte, und folgte ihr immer nach, wie ein Füllen der Stute, oder ein junges Rehkalb der Hindin.

Als die Tannen des Abends im Dunkeln in der Hauptstadt angekommen waren, lagerten sie sich alle unter die Fenster des alten steinernen Schlosses, das sie von einer Seite her vor Wind und Wetter schützen sollte, und es war schön anzusehen, wie die vielen grünen Tannen da beieinander lagen. Das kleine Tannenbäumchen aber, das sich neben seine Mutter gelegt hatte, fror gar sehr. Da kam der Wind und legte den Saum seines schneeweißen Mantels erst zu den Füßen der Tannen hin und breitete ihn dann ganz über sie aus. Den andern Morgen aber kam ein Sonnenblick und deckte den schneeweißen Mantel wieder ab. Da rieb sich das kleine Tannenbäumchen vergnügt die Augen und sah verwundert die große, schöne Stadt.

Aber bald wurde seine Freude getrübt, denn es kam ein Herr, der hieß sein Mütterlein mitgehen in sein Haus, das kleine Tannenbäumchen aber mußte zurückbleiben, denn es war zum Weihnachtsbaume noch viel zu jung und zu klein.

Als nun der Weihnachtsmorgen kam, da ging das kleine Tannenbäumchen ganz einsam in den nassen Straßen der Hauptstadt umher und weinte. Da sah es aber sein Mütterlein in einem großen, schönen Saale stehen. Es hatte viele Lichter in der Hand, die glänzten gar herrlich, und das Mütterlein war anzusehen wie ein schöner Engel.

Da freute sich das kleine Tannenbäumchen sehr und ging getrost weiter.

Es stand aber in einem Hause eine kleine Puppe am Fenster, wie es eben Tag wurde. Die winkte dem kleinen Tannenbäumchen, daß es zu ihr herauf käme, und fragte:

»Wie heißt du, kleine Tanne?«

»Ich heiße Waldgrüne«, antwortete das Tannenbäumchen. »Und wie heißt du?«

»Ich heiße Kindchen-küß-mich«, antwortete die Puppe.

Da wurden die Puppe und das Tannenbäumchen gute Freunde und blieben lange, lange Zeit beisammen.

Die kleine Tanne aber wuchs sehr schnell heran, da sagte Kindchen-küß-mich endlich zu ihr:

»Du bist so ein langaufgeschossenes Ding geworden, daß ich mich schäme noch mit dir über die Straße zu gehen; auch ist dir dein Röckchen aus grünen Zweigen viel zu kurz, es reicht dir ja noch lange nicht einmal bis ans Knie, so sehr hast du es verwachsen! Mir wäre das zwar einerlei, aber den Menschen fällt es doch sehr auf. Deswegen wäre das Beste, du gingest wieder zurück in den Wald.«

Da ging die Tanne wieder in den Wald. Dort aber war ihr Röcklein nicht zu kurz, sondern es war große Freude bei den andern Tannen, daß Waldgrüne wieder zugegen war.

Marie Hermes von Baer

Schlitzohrs Weihnachten

Er hieß Schlitzohr, weil er mit einem Schlitz im linken Ohr zur Welt gekommen war, und dies unterschied ihn sichtlich von seinen drei Hasenbrüdern.

Schlitzohr war ein beherzter kleiner Hase und besaß ein starkes Verlangen, sich einmal die Welt anzusehen. Da er nicht genau wußte, wie Vater oder Mutter darüber dachten, so rückte er an einem Dezembermorgen, ohne vorher anzufragen, aus.

Es gefiel ihm ungemein da draußen, der bereifte Hochwald, die beschneiten Roggenfelder, aus denen die jungen Keime herausguckten, die braune Heide, die am Rande des Dorfes lag und in der sich der Schnee just nach Laune gelagert hatte.

Schlitzohr begann von dem Herumstreifen etwas müde zu werden. Auf dem Roggenfeld hatte er sich den Mund voll junger Keime genommen, die wollte er nun in aller Ruhe kauen. So suchte er sich ein nettes kleines Tannenbäumchen aus, das in der Heide stand und ein weißes Mützchen auf seiner Krone hatte. Hier wollte sich Schlitzohr behaglich lagern, da es jetzt tüchtig zu schneien anfing.

Als er den Kopf ein wenig senkte, um unter die tief herabhangenden Zweige der Tanne zu schlüpfen, geriet er in einen Gegenstand. Und als der kleine Wandersmann sich fest dagegen stemmte, da saß ihm auch schon ein grüner Tiroler Puppenhut schief auf dem Kopfe.

Da Schlitzohr das Hütchen erst auf der Stirne hatte und es auch sein linkes Ohr reichlich deckte, störte es ihn durchaus nicht, und er vergaß es sogar ganz über der großen Behaglichkeit, die unter dem Tannenbäumchen herrschte, und über den wohlschmeckenden Roggenhälmchen.

Als er sich wieder erfrischt fühlte, überkam ihn eine große Sehnsucht nach seiner Heimat. Er machte sich schnurstracks auf den Rückweg und freute sich darauf, den Seinigen von allem zu erzählen, was er gesehen hatte. Nun er glücklich angelangt war, saß sein Vater mit gekreuzten Armen vor der Behausung und sah sehr erstaunt auf den Ankömmling.

»Guten Tag, Vater!« sagte Schlitzohr etwas verlegen. Da sagte der alte Hase: »Ich bin nicht dein Vater.« Mit weinerlicher Stimme rief der zurückgekehrte Kleine: »Doch, doch! Ich bin Schlitzohr, dein jüngstes Kind!« Der Vater aber schüttelte gleichmütig den Kopf und rief die anderen herbei und sagte: »Meine lieben Jungen, seht doch einmal selbst! Dieser hier gibt vor, Schlitzohr zu sein. Erkennt ihr ihn?«

»Nein, nein!« riefen die drei Brüder. »Unser Schlitzohr hat einen Schlitz am linken Ohr und nicht ein so wunderlich Ding wie der da auf dem Kopfe.« Und sie lachten bei diesen Worten hell auf. Da wandte Schlitzohr den Seinigen traurig den Rücken und ging mit gesenktem Kopfe planlos davon.

Als er einige Zeit ganz niedergeschlagen dahingetrottet war, begegnete ihm ein alter Mann mit einem langen weißen Barte und grauen freundlichen Augen. Der war in einen dunkelrot überzogenen Pelz gehüllt und hatte einen großen Sack auf dem Rücken.

»Guten Tag, Herr Weihnachtsmann!« sagte Schlitzohr mit bescheidener Stimme.

»Na, Kleiner, wohin des Weges?« fragte der Alte und blieb stehen, wobei er sich auf seinen Knotenstock stützte. Schlitzohr erzählte ihm nun getreulich alles, was sich am Tage ereignet hatte. Am Ende seines Berichts liefen dem Kleinen dicke Tränen über die Wangen.

»Eigentlich habe ich heute so viel für die Menschen zu besorgen, daß für euch Hasen kaum Zeit übrig bleibt. Da aber Christtag ist, sollst du nicht allein und freudlos im Wald umherirren. Ich habe in der nächstgelegenen Stadt zu tun; so will ich dich mitnehmen und dir zu einem Obdach verhelfen.«

Da begann das kleine Hasenherz freudiger zu schlagen, und zwei große braune Augen sahen dankerfüllt zu dem alten Manne auf.

Als der Weihnachtsmann und Schlitzohr in der Vorstadt angekommen waren, hielt der Alte vor einer eisernen Gartenpforte an, durchschritt sie, ging an einem alten Landhause vorbei und auf ein Hintergebäude zu. Hier öffnete der Weihnachtsmann die hölzerne Schiebetür eines kleinen Stalles und sprach eindringliche Worte zu den beiden dort in ziemlicher Eintracht wohnenden Kaninchenfamilien. Die Kaninchen beherzigten all das, was der Weihnachtsmann sagte, denn sie hatten eine große Hochachtung vor ihm. So hießen sie Schlitzohr freundlich willkommen. Das Häschen befreundete sich schnell mit dem kleinsten Kaninchen, das rote Augen und ein weißes Fell hatte.

Als die Abendglocken in der Stadt läuteten, wurde die Schiebetüre des Kaninchenstalles wieder geöffnet. Ein kleines Mädchen mit Blauaugen und kurzgeschnittenem Pagenhaar guckte herein und hielt eine Laterne in der Hand. Mit der Linken leuchtete es in den Stall, während es mit der Rechten den Inhalt seiner Schürze auf den Steinboden schüttete. Dabei rief es: »So, da habt ihr allerlei Kraut und Rüben und auch ein paar Pfefferkuchen von meinem Teller; damit ihr doch auch wißt, daß es heute Weihnachten ist!«

Plötzlich gewahrte es Schlitzohr und den ihr wohlbekannten grünen Puppenhut auf seinem Kopfe. Es jauchzte zuerst vor Freude, dann nahm es den Hut rasch an sich und rief: »Da habt ihr ja einen seltenen Weihnachtsgast! Und der bringt mir als Weihnachtsgabe den Hut von meinem Tiroler Seppel zurück. Ich habe ihn im Sommer beim Spiel in der Heide vor dem Dorfe verloren. Mutti schalt über Nachlässigkeit und ich weinte noch so!« Das kleine Mädchen nickte noch ein »danke schön, du braver grauer Kerl!« und dann lief es spornstreichs in das Landhaus zurück, um da drinnen die eigentümliche Gabe des kleinen Hasen zu zeigen. Dabei hatte es ganz vergessen, die Stalltüre wieder zu schließen.

Als Schlitzohr dies sah und sich von dem Hut befreit fühlte, kam ihm der Gedanke: Nun werden sie mich zu Hause erkennen! Er dankte den Kaninchen vielmals für ihre Gastfreundschaft, verabschiedete sich von dem kleinen weißen Rotauge und lief, so schnell ihn nur seine Beine tragen wollten, über Akker und Land der Heimat zu.

Atemlos kam er dort nach einiger Zeit an. Sie saßen alle traurig in der Behausung beisammen, und die Mutter weinte sogar um Schlitzohr, ihr jüngstes Kind.

Als nun der Vermißte plötzlich in ihrer Mitte stand, rief der Vater freudig: »Schlitzohr, mein Junge, gut, daß du da bist! Wir haben uns sehr um dich geängstigt.«

Die Mutter aber strich sich abwechselnd die Tränen aus den Augen und liebkoste Schlitzohr. Darauf eilte sie davon und kam mit allerhand Leckerbissen zurück. »So, Kinder,« sprach sie »nun laßt es euch schmecken. Schlitzohr ist wieder dal Nun können wir ein fröhliches Weihnachtsfest feiern!«

Die Stadtmaus und die Feldmaus

Es waren einmal eine Stadtmaus und eine Feldmaus, die begegneten einander am Waldessaum; die Feldmaus saß in einem Haselnußstrauch und pflückte Haselnüsse.

»Gott segne deine Arbeit!« sagte die Stadtmaus. »Treffe ich hier so weit draußen Verwandte?«

»Ja, so ist es«, sagte die Feldmaus.

»Du sammelst hier wohl Wintervorrat?« fragte die Stadtmaus.

»Ich muß wohl, wenn wir im Winter was zum Leben haben sollen.«

»Dein Vorrat ist ja recht groß, und die Haselnüsse sind auch gut geraten; die werden deinem leeren Magen wohltun«, sagte die Stadtmaus.

»Ja, so ist es«, erwiderte die Feldmaus; und dann rühmte sie, wie gut es ihr gehe und wie reichlich sie zu leben habe. Die Stadtmaus meinte, ihr gehe es doch noch besser. Die Feldmaus blieb aber bei ihrem Ausspruch und sagte, es lasse sich nirgends so gut leben wie im Wald und auf dem Feld, und ihr gehe es doch am besten.

Die Stadtmaus behauptete indessen ebenfalls, ihr gehe es am besten, und die beiden konnten durchaus nicht einig darüber werden, welcher es wirklich am besten gehe. Schließlich wurde ausgemacht, sie sollten sich gegenseitig um Weihnachten einen Besuch abstatten, damit jede selbst sehen und beurteilen könne, wie es sich in Wirklichkeit verhalte.

Die Stadtmaus sollte sich zuerst zum Weihnachtsschmaus einstellen. Sie lief durch große Wälder und tiefe Täler, denn obgleich die Feldmaus ihre Winterwohnung bezogen hatte, war es doch ein weiter und schwieriger Weg; es ging durch tiefen, weichen Schnee hindurch, und die gute Stadtmaus war sehr müde und hungrig, als sie endlich bei der Feldmaus ankam.

»Jetzt wird mir eine ordentliche Mahlzeit wohltun«, dachte sie, als sie ihr Ziel erreicht hatte. Die Feldmaus hatte auch tüchtig aufgetischt: Nußkerne, verschiedene süße Wurzeln und viele andere gute Sachen, die im Wald und auf der Flur wachsen. Sie bewahrte alles in einem Loch tief unter der Erde auf, wo es nicht gefror, und dicht daneben war eine Quelle, die den ganzen Winter offen war; da konnte man Wasser trinken, soviel man wollte. Es war auch reichlich von allem da, und die beiden schmausten nach Herzenslust; die Stadtmaus meinte freilich, das alles sei doch nur eben recht zum Hungerstillen.

»Dies hier genügt allerdings zum Leben«, sagte sie, »aber es schmeckt nicht besonders gut. Nun mußt du so gut sein und zu mir kommen, dann sollst du sehen, wie es bei uns hergeht.«

Ja, das wollte die Feldmaus gerne, und schon nach kurzer Zeit kam sie angetrippelt. Die Stadtmaus hatte während der Weihnachtszeit, wo es im Hause mit Essen und Trinken hoch herging, viele gute Reste gesammelt: Käserinden, Butterstückchen, Speck, Brot, Kuchen und viele andere Herrlichkeiten waren da aufgeschichtet. Im Napf unter dem Faßhahn gab es genug zu trinken, und die ganze Stube war voll von leckeren, guten Sachen. Die beiden Mäuschen schmausten und tranken, und die Feldmaus konnte fast nicht genug bekommen: so gute Sachen hatte sie noch nie gegessen. Dann wurde sie durstig; sie sagte, das Essen sei schwer und fett, und sie möchte jetzt auch etwas trinken.

»Ja, komm, wir wollen trinken, das Bier ist nicht weit weg!« rief die Stadtmaus und hüpfte auf den Rand des Napfes und löschte ihren Durst; sie trank aber keinen Tropfen mehr, als eben zum Durstlöschen nötig war, denn sie kannte das Weihnachtsbier und wußte, daß es stark war. Aber die Feldmaus, die noch nie etwas anderes getrunken hatte als Wasser, lobte den herrlichen Trunk sehr; sie nahm einen Schluck nach dem anderen, konnte aber das starke Getränk nicht vertragen und war ein wenig beduselt, schon bevor sie wieder von dem Napf heruntersprang; gleich darauf wurde ihr ganz seltsam im Kopf und in den

Beinen; sie hüpfte und tanzte, sprang von einem Bierfaß aufs andere hinüber, gaukelte und tollte zwischen den Tassen und Krügen auf den Wandbrettern umher, pfiff und sang, als wenn sie verrückt und betrunken wäre, und betrunken war sie ja auch.

»Führ dich doch nicht so auf! Man meint ja, du seiest ganz aus dem Häuschen!« sagte die Stadtmaus. »Mach doch keinen solchen Lärm und Spektakel; wir haben einen gestrengen Vogt hier!«

Die Feldmaus sagte, sie schere sich den Teufel um einen Vogt oder um sonst irgendeinen Landstreicher.

Aber die Katze saß auf dem Kellerladen und hörte das Geschwätz und den Spektakel. Jetzt kam auch die Frau und ging in den Keller, um einen Krug Bier zu holen, und als sie die Tür aufmachte, schlüpfte die Katze mit in den Keller hinein. Sie schlug auch gleich ihre Krallen in die Feldmaus, und jetzt gab es einen andern Tanz! Die Stadtmaus schlüpfte hurtig in ihr Loch hinein, da saß sie sicher; und von hier aus sah sie, daß die Feldmaus sofort wieder nüchtern wurde, denn sie kannte die Katzenkrallen.

»Ach, mein lieber Vogt, mein lieber Vogt, sei gnädig und verschone mein Leben!« bat die Feldmaus. »Ich will dir dafür auch ein schönes Märchen erzählen.«

»Heraus damit!« rief die Katze.

»Es waren einmal zwei Mäuschen«, begann die Feldmaus ganz langsam und mit kläglicher Stimme, denn sie wollte ihr Märchen so lange hinausziehen, wie nur möglich.

»Dann waren sie doch nicht allein«, sagte die Katze kurz und scharf.

»Wir hatten ein Stück Fleisch, das wollten wir braten.«

»Dann habt ihr doch nicht hungern müssen«, sagte die Katze.

»Zum Abkühlen stellten wir den Braten aufs Dach hinaus«, sagte die Feldmaus.

»Dann hast du dich doch nicht gebrannt«, sagte die Katze.

»Da kam der Rabe und die Krähe und fraßen ihn auf«, fuhr die Feldmaus fort.

»Und jetzt fresse ich dich auf«, sagte die Katze.

Aber in diesem Augenblick warf die Frau den Kellerladen zu; die Katze erschrak und ließ ihre Beute los. Und hast du nicht gesehen! da war die Feldmaus in dem Loch bei der Stadtmaus drinnen. Von da führte ein Gang in den Schnee hinaus, und die Feldmaus war nicht faul, den Heimweg anzutreten.

»Das nennst du, es sich gut gehen lassen, und du sagst, du hättest das bessere Leben von uns beiden?« sagte sie zu der Stadtmaus. »Dann danke ich meinem Schöpfer, daß ich keinen so großen Hof, aber auch keinen solchen Unhold als Vogt über mir habe; ich bin ja kaum mit dem Leben davongekommen!«

Die Geschichte von der Frau Holle

Vor ganz undenklich langer Zeit, da gab es noch gar kein Christkindchen, sondern nur eine Frau Holle, die wohnte nicht weit von uns auf der höchsten Spitze der Odenwaldberge, auf der kalten, windigen Böllsteiner Höhe. Die schönen Odenwaldberge waren damals noch nicht, wie jetzt, bis fast hinauf mit fruchtbaren Feldern und üppigen Wiesen bedeckt, sondern es zogen sich bis fast zu ihrem Fuße hinab dunkle Wälder, in denen Hirsche und Rehe herumsprangen, und wo eine Menge von Köhlern wohnten, die ganze Gebirge von Kohlen brannten und diese dann hinunter in die Ebene zum Verkaufe brachten. Zwischen den Wäldern aus Tannen- und Buchenbäumen aber wuchs noch ein kleiner Wald von Ginstern, so daß es im Frühjahr, wenn sie blühten, aussah, als sei der ganze Odenwald mit Gold bestreut. An diesen gelben Blüten naschten Millionen Bienchen den süßen Blumenstaub, und waren sie abgeblüht, dann kamen die Besenbinder, schnitten die Reiser ab und banden Besen davon. Für die Bienchen aber blühten nun ganze Felder von Heidekraut, und schien der Odenwald zuvor gelb, so war er jetzt an einzelnen Stellen fast rot. Wenn dann aber auch die Heide all ihre Süßigkeit hergegeben hatte und zu verblühen begann, so flogen die Bienchen hinunter in die Täler und brachten ihren Honigseim den Bäckern, die köstliche braune Lebkuchen davon machten. – So schön war es damals im Odenwald und ist es zum Teil noch, wenn es auch nicht alle Leute wissen und sehen.

Auf der höchsten Spitze aber, auf dem Böllstein, war schon zu jener Zeit ein großer freier Platz, der von hohen Tannen eingefaßt war, und auf dem eine Menge Steine und Felsen umherlagen. Da hatte die gute Frau Holle ihren Sitz und konnte über die andern Berge hinweg weit hinaussehen in das Land, bis an den Rhein, den Main und den Neckar. Sie liebte alle Menschen, die da herum wohnten in Städten und Dörfern, sie kannte sie alle und belohnte und bestrafte sie, je nachdem sie es verdienten. Andererseits kannte jedermann die Frau Holle; die Guten liebten und die Bösen fürchteten sie, denn sie sah mit ihren hellen, durchdringenden Augen rings umher alles, was geschah. – Die Frau Holle hatte auf dem Böllstein kein Haus, in dem sie wohnte, und wer am hellen Tage über den Berg ging, der merkte nichts von ihr; in lauen Sommernächten aber hörte man zwischen den Bäumen hervor ein Kichern und Zischeln und Lachen, daß es den Leuten ganz sonderbar zumute ward, und daß sie lieber einen weiten Umweg machten, ehe sie über den Berg gingen. Im Winter, wenn die Tage am kürzesten waren, sah man auch manchmal ein helles Feuer auf dem Böllstein glänzen, aber nur von weitem, denn da lag der Schnee ellenhoch, und es hätte sich keiner hinaufgetraut, wie auch keiner den Pfad kannte, der zwischen den Felsen durch unter die Erde und gerade hinein in Frau Hollens goldnen Saal führte, in dem sie wohnte. Der Saal war wunderschön; er hatte goldne Wände und eine silberne Decke, die von Säulen aus blauen Steinen getragen ward. Da drinnen saß die Frau Holle, umgeben von einer ganzen Schar kleiner Engelein, die rosenrote Flügel an den Schultern trugen und an Stelle der Kleider in ihre langen, blonden Locken gehüllt waren, welche ihnen bis auf die kleinen Füße herabfielen. Mit den Engelein arbeitete die fleißige Frau Holle Tag und Nacht; sie spannen, strickten und webten, daß es eine Lust war. Wenn aber der Frühling kam, dann stieg Frau Holle herauf auf die Erde, zog ein langes, grünes Kleid an, setzte einen Kranz von Kornblumen und Ähren auf und fuhr in einem goldnen Wagen, den zwei schneeweiße Kühe zogen, über das ganze weite Land, das sie von ihrer Höhe aus übersehen konnte. Wo sie vorüberkam, streute sie Samenkörner aller Art aus, und bald darauf prangte die Erde in den verschiedenartigsten Farben. Hier breitete eine grüne Wiese ihren Blumenteppich aus, dort wogte ein reifendes Kornfeld, daneben lag ein Acker mit blühendem Flachse wie ein blaues, über die Erde ausgespanntes Tuch, und gelbe Rapsfelder durchschnitten gleich langen Bändern die Flur nach allen Richtungen. Das alles ließ die gute Frau Holle wachsen – aber nur auf den Feldern der fleißigen Menschen. Auf denen der faulen dagegen ließ sie Disteln und Unkraut emporschießen. Wenn dann die Erde so schön geschmückt war, fuhr sie wieder heim in ihren goldnen Saal, und nur an milden Sommerabenden, wenn der Mond schien oder die Sterne flimmerten, stieg sie mit den Engelein wieder herauf, und da tanzten sie auf dem dichten Heidekraut, das den Böllstein bedeckt, den Ringelreihen, wozu alle Vögel im Walde musizierten. So trieben sie es den ganzen Sommer und Herbst über. Aber wenn die Blätter anfingen abzufallen und die Nordwinde zu sausen, da ward es gewaltig kalt auf dem Böllstein, so daß man sich des Nachts lieber in ein warmes Bett steckte, statt draußen herumzutanzen. Der Frau Holle ging es auch so, und sie befahl den Engelein, ihr Federbett zurechtzumachen und es tüchtig aufzuschütteln. Wenn die Engelein das hörten, waren sie sehr vergnügt; es gab für sie keine größere Lust, als Frau Hollens Bett zurechtzumachen. Sie schüttelten und rüttelten an den Federn, und eines warf unter lautem Lachen das andere hinein, so daß die Flocken bis über den Rhein und den Main hinüberflogen und stoben. Da sagten die Leute drunten im Tale und in der Ebene: »Es wird Winter, die Frau Holle schüttelt ihr Bettchen aus!« und sie holten die Pelzkappen und Pelzröcke hervor und steckten sich tief hinein. Die Frau Holle hatte aber auch einen dicken, warmen Pelzrock und eine Pelzmütze, die zog sie nun statt des schönen Kranzes über die Ohren. Für die Engelchen waren kleine Pelzröcke und Pelzkappen da, und wenn es ein schöner Winterabend war, zogen sie von der Böllsteiner Höhe aus und folgten der Frau Holle, wohin diese sie führte. Die Frau Holle war eine überaus fleißige und reinliche Frau und haßte nichts so sehr als Schmutz und Faulheit. So wie sie im Sommer die faulen Landwirte strafte, so machte sie es im Winter mit den schmutzigen und faulen Frauen und Mädchen. Darum kam sie des Abends in die großen Stuben, wo die Mütter und Töchter zusammensaßen und spannen, strickten und nähten. Sie setzte sich zu ihnen, arbeitete mit ihnen und gab genau acht, wer seine Sache gut machte. Wenn ein Kind ein schönes, reines Strick- und Nähzeug hatte, fand es am andern Morgen in seinem Körbchen eine hübsche neue Puppe oder ein Bilderbuch oder einen großen braunen Herzlebkuchen. – Den Strümpfen aber, die überall Jahresringe von Schmutz zeigten, und den Hemden und Schnupftüchern, die genäht waren, als ob sie von Sackleinen wären, war die Frau Holle todfeind. Da kamen die Engelein in der Nacht, fielen mit langen, feinen Scheren über die schlechte Arbeit her und zerschnitten sie in tausend kleine Stückchen, und wo ein unordentlicher Spinnrocken stand, da zerrupften und zerzupften sie ihn so gründlich, daß auf der Welt nichts mehr damit anzufangen war. Kamen dann am andern Morgen die unordentlichen Mädchen und Kinder an ihre Arbeit, so fanden sie die Bescherung, aber keine Christbescherung, keine Puppe, kein Bilderbuch, sondern nur schmutzige Fädchen und Läppchen, und hatten die Schande und den Spott obendrein.

Den schmutzigen Mamas aber ging es am allerschlimmsten: da brachten die Engelein in der Nacht lange Besen mit und fegten den Schmutz aus den Ecken hervor, wo man ihn hineingesteckt hatte. Sie kehrten alles an die Türschwelle, das gab oft einen Berg fast so hoch wie das Haus, und wenn die Leute am Morgen zur Türe hinauswollten, waren sie in ihrem eigenen Schmutz gefangen und mußten ihn erst hinwegschaffen, ehe sie wieder frei sich bewegen konnten. Auf diese Weise ward es wenigstens einmal im Jahre sauber im Hause, und es wäre ein rechtes Glück, wenn die Engelein jetzt auch noch manchmal zum Fegen in die Häuser kämen. Weil es aber jetzt so ungeheuer viele Bücher gibt, in denen alles, was die Frauen und Mädchen tun sollen, geschrieben steht, denken sie, sie könnten sich die Mühe sparen und brauchten kein gutes Beispiel mehr zu geben. Die Bücher tun es aber nicht allein, das sieht man deutlich alle Tage, und die Zeiten waren oft besser, wo die Frau Holle das schönste Beispiel für alt und jung gewesen. Wenn die fleißigen Mamas ihre Töchterchen recht loben wollten, dann wußten sie nichts Besseres zu sagen, als: »Du machst es fast so schön wie die liebe Frau Holle.«

Die gute Frau saß oft halbe Nächte lang bei den fleißigen Leuten. War sie aber müde und sehnte sich nach Hause in ihr weiches, warmes Bettchen, dann stand sie auf, öffnete das Fenster und warf das Klüngel Garn, das sie gesponnen hatte, hinaus, indem sie das eine Ende festhielt. Dann rief sie freundlich: »Gute Nacht, ihr lieben Leute!« setzte sich auf den Faden und ritt auf demselben so schnell wie der Wind hinauf nach dem Odenwald und grade in ihren goldnen Saal hinein. Da merkten es erst die Leute, wen sie zum Besuch gehabt, und waren nun noch einmal so fleißig.

So lebte die gute Frau Holle viele, viele, viele Jahre lang, da fühlte sie auf einmal, daß sie ein wenig alt und schwach werde und nicht mehr so recht fort könne. Im Frühling und im warmen Sonnenschein über Land zu fahren, das ging noch an, aber die Wintergeschäfte wollten ihr gar nicht mehr behagen. Es war auch ein schlechter Spaß, bei Schnee und Eis, bei Wind und Wetter auf einem Zwirnsfaden durch die Nacht zu reiten.

Nun hatte die Frau Holle einen lieben, alten Freund, das war der Storch. Der war weit gereist, hatte alle möglichen fernen Länder und Menschen gesehen und wußte immer guten Rat. Der kam einmal im Sommer zu ihr auf Besuch, denn im Winter ist es ihm im Odenwald viel zu kalt. Dem klagte sie ihre Not und sagte: »Lieber Storch, ich bin alt und gar allein, da möchte ich gern ein Töchterchen haben, mit dem ich spielen und das ich hinunter zu den Menschen schicken könnte, um die Fleißigen und Braven zu belohnen und die Faulen und Bösen zu bestrafen. Du bist so weise und gelehrt und bringst allen Menschenfrauen die kleinen Kinder, da muß es dich doch auch freuen, wenn die Kinder brav und gut werden und etwas lernen.«

»Ganz gewiß, Frau Holle, das versteht sich von selbst«, klapperte der Storch.

»Wenn ich nun ein kleines Mädchen hätte, würde ich es so lieb und fromm machen, daß alle Kinder ihm gleichen und von ihm geliebt sein möchten. Lieber Storch, bringe mir von deiner nächsten Reise ein kleines Töchterchen mit.«

»Meine liebe Frau Holle«, sagte der Storch, »das tue ich ja herzlich gern; das schönste, beste und frömmste Kind, das ich auf Erden finden kann, will ich euch hierherbringen. Aber nur ein wenig Geduld.«

Frau Holle nickte, und der Storch flog fort.

Der Sommer verging, und der Herbst und der Winter kamen mit Macht. Frau Holle schaute jeden Tag sehnsüchtig hinaus, ob der Storch nicht käme, aber vergebens. Sie ward ganz traurig und wollte gar nicht mehr ausreiten, wie sehr auch die Menschen unten auf der Erde sich nach ihr sehnten. Die Engelein taten, was sie konnten, um sie aufzuheitern. Sie schüttelten und rüttelten Frau Hollens Bettchen und jagten die Federn so hoch in der Luft herum, daß die Flocken ringsum fußhoch lagen und Menschen und Tiere darin steckenblieben. Darüber wollte sich denn das kleine Volk halbtotlachen, aber Frau Holle lachte nicht, sondern befahl ihnen nur, den Unsinn unterwegs zu lassen. – Die Tage wurden kürzer und kürzer, die Nächte länger und länger, und endlich kamen die paar allerkürzesten Tage, in denen die Sonne kaum Zeit hat hervorzugucken und bald wieder fort muß. Eben war sie wieder im Sinken begriffen, da zeigte sich ein schwarzer Punkt über dem Odenwald, der kam näher und näher, und wäre es nicht schon so dämmerig gewesen, hätte man leicht den Gevatter Storch erkennen mögen. Das war ja in dieser Jahreszeit eine seltene Erscheinung; er war es aber wirklich, und er flog geradezu herauf auf den Böllstein und an Frau Hollens Fenster. Er schlug mit seinem langen Schnabel daran und rief: »Geschwind, liebe Frau Holle, geschwind! Macht auf, mich friert ganz erbärmlich!« Schnell rissen die Engelein das Fenster auf und ließen den Gevatter Storch herein.

»Da bin ich«, sagte er, »ich komme weit, weit her aus einem heißen Lande, wo die Sonne fast nicht untergeht, und habe euch von dort das schönste, beste und frömmste Kind mitgebracht, das auf der ganzen Erde zu finden war.« Mit diesen Worten legte er ein kleines, schneeweißes Kindlein, das er vorsichtig im Schnabel trug, auf Frau Hollens Bett. Als sie das hörte und sah, stieß sie einen Freudenschrei aus, und die Engelein jauchzten laut auf. Das war ein Vergnügen! Das Kindchen machte seine Augen weit auf, die waren so durchsichtig blau wie der schönste Sommerhimmel, dabei hatte es eine Menge kleiner, goldner Löckchen auf dem Kopf und – das war das schönste – zwei kleine, schneeweiße Flügel an den Schultern. Der Storch, der als ein weiser Mann nicht gern viel Worte machte, deutete auf die Flügel und sagte kurz: »Damit es nicht auch auf dem Zwirnsfaden reiten muß«, worauf Frau Holle glückselig nickte und das liebe Kind immer wieder von neuem herzte und küßte. Die Engelchen freuten sich fast nicht weniger als Frau Holle und schrien und lärmten nach Herzenslust. Der Storch aber machte ein ernsthaftes Gesicht und sagte: »Schweiget jetzt alle einmal und hört, was ich euch zu sagen habe. Ich dachte immer an das, was ich Frau Hollen versprochen hatte, und bin durch die ganze Welt geflogen, ohne daß ich bei den Menschen ein Kindlein finden konnte, das lieb und fromm genug war, um ihr Töchterlein zu sein. So ward es Herbst und Winter, und meine alten Augen waren zuletzt ganz müde vom Suchen. Da kam ich heute in ein fernes, fernes Land, wo das ganze Jahr über die Sonne scheint und Frucht und Blüte nie vergehen. Dort war es schon Nacht, als es hier noch Tag gewesen, aber das Dunkel erhellte ein großer, heller Stern mit so wunderbarem Glanze, wie ich noch nie gesehen. Der Stern schoß pfeilgeschwind durch die Luft, und ich flog ihm nach, bis er über einer kleinen, niedern Hütte stehenblieb. Ich sah hinein, da lag in einer Krippe ein wunderschönes, herrliches Kind, von dem ein noch hellerer Glanz als von dem Sterne ausging. Rings um die Krippe schwebten Engelein auf goldnen Wolken, die sangen so schön und lieblich, wie ich noch nie etwas gehört. Das Kind aber lächelte mich so freundlich an, daß ich dachte, dies ist das Kind, das ich Frau Holle bringen möchte, denn ganz gewiß ist es das liebste und beste auf Erden.

Da rief eine Stimme neben mir, von der ich nicht weiß, woher sie gekommen: ›Willst du es mit dir nehmen, daß es den kleinen Menschenkindern in deinem Lande stets ein Kind bleibe? Das Kind, von dem sie lernen, was Güte, Liebe und Gehorsam ist, selbst dann noch, wenn es schon lange das Licht geworden, das die ganze Welt erhellen und mit neuem Glanze verklären wird.‹

Im nächsten Augenblick fühlte ich mich mit dem Kinde emporgehoben und wie im Sturm durch die Luft getragen, ohne daß ich meine Flügel zu bewegen brauchte, und da bin ich nun, Frau Holle, und Ihr besitzet das Kind, das Ihr Euch so heiß gewünscht, das gute fromme Kind, dem die Menschenkinder in allem Guten nacheifern sollen, das freundliche Kind, das ihnen Freude spendet, wenn sie brav sind, aber auch das zürnende, das die Unartigen bestraft.«

Während der Storch geredet, weinte Frau Holle heiße Tränen still in ihren Schoß, und selbst den mutwilligen Engelein wurden die Äuglein vor Rührung trübe. Dann kniete sie neben dem Bette nieder, auf welchem das Kindlein lag und sprach: »Ja, ich kenne dich, du bist das Licht der Welt, das über uns gekommen, und vor dem meine Macht zu Ende geht. Die deutschen Kinder aber sind doppelt glücklich zu preisen vor allen anderen. In unsere deutschen Wälder und Täler bist du niedergestiegen als Kind, und in ihnen bleibst du jetzt als Kind bis in alle Ewigkeit und wirst allen Kindern das schönste und herrlichste Vorbild sein!«

Nun aber hielten sich die Engelein nicht länger, auch ihnen war ja die himmlischste Nacht angebrochen, die sie je gesehen, und sie wollten diese in Jubel und heller Freude begehen.

Sie zündeten ihre Kerzchen an, mit denen sie in den lauen Sommernächten zwischen den Büschen und Gesträuchen herumtanzen, und flogen damit auf die Fichten und Tannen, die den Böllstein umgeben. Es war wunderschön anzusehen, wie die vielen Lichter zwischen dem dunklen Grün der Tannen glänzten und schimmerten. Frau Holle war ganz entzückt davon; sie nahm das Kindlein auf den Arm und trug es hinaus, ihm die

Pracht zu zeigen. Da machte es die schönen Augen weit auf und lächelte holdselig; die Engelein aber sangen:

»Sei gesegnet, Christkindlein,
Denn so sollst du heißen,
Weil noch nie so hold und rein
War ein Kind zu preisen!
Wer dich sieht, wird fromm und gut,
Muß vor dir sich neigen,
Oh, so nimm in deine Hut
Kindlein, die dir gleichen!«

»Ja«, sagte Frau Holle, indem sie das Kindlein hoch emporhob zu den vielen Lichtern und den ewigen, glänzenden Sternen, »so soll es werden, und so glücklich wie ich jetzt bin, sollen fortan in dieser Nacht alle guten, braven Menschen und Kinder sein – es ist eine Weihnacht für mich und für die ganze Welt. Übers Jahr, wenn du größer bist, gehst du hinunter, wo die Menschen wohnen, bringst ihnen schöne Gaben und zündest ihnen schimmernde Kerzen an grünen Bäumen an, damit ihnen die lange Winternacht so hell und freudig werde, wie sie eben uns geworden ist.«

Da klatschten die Engelein in die Hände und riefen: »So soll es sein! Jedes Jahr wird nun den guten, braven Kindern das Christkind neu geboren werden!« Darauf gingen sie wieder alle in den schönen goldnen Saal, der Storch flog fort – und nun wißt ihr die Geschichte von der Frau Holle und dem Christkind, dessen Geburtstag wir sehr bald wieder feiern werden!

Adolf Gelber

Schneewittchens Weihnachten im Walde

Denkt euch, liebe Kinder, ihr wißt ja noch nicht alles, was mit dem Schneewittchen im Walde geschah, und das muß ich euch jetzt auch erzählen. Als das Schneewittchen zu den sieben Zwergen kam, war ja nämlich niemand zu Hause, und als die Zwerglein heimkehrten, sahen sie nicht gleich, was geschehen war; und erst als sie Licht machten und sich um den Tisch herumsetzten, sagte der eine: »Wer ist denn auf meinem Sesselchen gesessen?«, der zweite: »Wer hat denn von meinem Süppchen genommen?«, der dritte: »Wer hat denn hier ein Stückchen Fleisch abgeschnitten?« und so fort. Der älteste der Zwerge aber, das war der Golo. Er schüttelte den langen Bart und sah die Zwerge mit strengen Augen an; dann sagte er, auf den Tisch schlagend: »Jetzt seid ganz still, denn ich muß nachdenken!« Und nachdem er nachgedacht hatte, erhob er sich und sagte: »Pst!« Auf den Fußspitzen ging er dann im Zimmer herum, nach allen Winkeln hinschauend, und richtig kam er auch zum Bettchen, wo das Schneewittchen tag und schlief; und da war er nun ungeheuer verwundert und sagte: »Wer ist denn das? Das ist ja ein so liebes Mädchen, und ihre Haare sind schwarz wie Ebenholz, die Haut weiß wie Schnee, die Lippen rot wie Blut ... Mein Gott, ist das nicht am Ende das Schneewittchen?«

Und wie er so sprach, erwachte das Schneewittchen, und Golo sagte: »Kennst du mich denn nicht? Ich bin ja der Golo!« Dabei machte er »Hm, hm« und sah sich sehr streng im ganzen Kreise um, so daß alle erschraken. »Und weißt du was?« sagte er weiter, »wenn du willst, stelle ich dir gleich auch die anderen Zwerglein vor. Zum Beispiel den Alberich, der hat eine Butten auf dem Rücken, du wirst schon gleich sehen warum, und wirst dich überzeugen, was das für ein ungemein braver und ordentlicher Zwerg ist. Und das hier ist ...«

Dabei sah sich Golo wieder nach einem um, der war aber verschwunden, worüber Golo sehr zornig ward, so daß er mit dem Fuß auf den Boden stampfte und rief: »Wo ist denn der Zwerg Apmann?« Da ging die Tür zur Küche auf und sie erblickten den Apmann am Herde, worauf sich Golo die Nase rieb und ganz rot im Gesichte hinüberschrie: »Ja, wo steckst du?«

Apmann antwortete: »Aber Golo, ich bin doch nur rasch herausgelaufen, um für das Kind einen Kaffee zu machen, weil es sicherlich hungrig ist ...« Denn er war der Küchenmeister unter den Zwergen und stand, weil er so klein war, oben auf einer Kohlenkiste am Herde und rührte schon den Kaffee um.

Wie er sich entschuldigte und gleich darauf mit dem Kaffee hereinkam, lachten die Zwerglein, und Golo lachte auch und sagte, indem er sich mit dem Finger die Nase rieb: »Hehehe, ich habe nicht gewußt, daß du gleich für das Kind einen Kaffee machen gegangen bist. – Also siehst du, Schneewittchen,« fuhr er fort, »das ist unser Küchenmeister, ein wirklich braver und kluger Zwerg.«

Dann stellte er ihr noch einmal den Alberich vor und sagte: »Weißt du, wenn du zum Beispiel Husten oder Kopfweh oder Schnupfen haben wirst, oder wenn du dir ein bißchen den Magen verdorben hast, wird Alberich bei dir sitzen und dich pflegen ... Na, und hier ist der Gisgis, das Schneiderlein. Der kann dir Kleider machen ... na, wart' nur! Oder der Spazzo – das ist unser Jägermeister; der fürchtet sich vor niemandem. Alle Tiere zittern, wenn er mit seinem Speer durch den Wald geht. [...]«

Einige Zeit darauf begannen die Vorbereitungen für Weihnachten, und niemand durfte mehr in Schneewittchens Zimmer hinein. Immer, wenn Golo oder ein anderer Zwerg die Tür öffnen und hineingucken wollte, rief sie gleich: »Bitte, nicht neugierig sein! Die großen Herren werden schon früh genug erfahren, was das Christkindlein für sie vorbereitet hat!« Wie also das Schneewittchen in ihrem Zimmer arbeitete, durfte einzig und allein das fremde Vöglein im Zimmer weilen. Da kam nun endlich der Weihnachtstag und der Weihnachtsabend. Apmann und Golo hatten ein schönes Tannenbäumchen, das sie beim Brunnen im Walde gefunden hatten, geholt, und alle Zwerge trugen es freudig ins große Zimmer hinein; dann aber mußten sie das Zimmer wieder verlassen und das Schneewittchen selbst putzte den Baum, bis es irgendwo weit, weit weg von dem Zwergen Häuschen im Walde fünf Uhr schlug. Draußen standen bereits die Zwerglein in heftiger Erwartung und fragten: »Was hat uns wohl das Christkindlein beschert?« Aber da zündete schon das Schneewittchen alle Kerzen am Weihnachtsbaum an und nahm die Glocke zur Hand: »Jetzt, wenn ich läute, Zwerglein! ...« Und sie läutete ... Da flog die Türe auf und die Zwerglein traten über die Schwelle; und wie sie den herrlichen Weihnachtsbaum erblickten, waren sie vor Erstaunen ganz sprachlos und stumm. Denn ihr wißt ja, das war der erste Weihnachtsbaum, der bei ihnen angezündet wurde – bevor das Schneewittchen zu ihnen gekommen war, wußten sie gar nichts von dem holden Weihnachtsbaum. Endlich flüsterte der alte Golo: »Schneewittchen, das ist wunderherrlich! Sag', ist das alles für uns?« Da nickte das Schneewittchen, küßte den Golo und sagte: »Lieber Golo, ich bin Euch so dankbar, daß Ihr Euch meiner angenommen und mir erlaubt habt, bei Euch hier im Häuschen zu weilen; und da habe ich mir gedacht, es könnte Euch eine Freude machen, wenn ich Euch zeige, wie dankbar ich bin.« Und da rannen dem alten Golo die Tränen aus den Augen. Er umschlang das Schneewittchen mit seinen Armen und drückte es ans Herz. Den anderen Zwerglein rannen ebenfalls die Tränen aus den Augen und sie riefen: »O, was ist das Schneewittchen doch für ein braves Mädchen, und was für Freude hat sie uns gemacht!«

Nun nahm das Schneewittchen jeden an der Hand und führte ihn an den Tisch, wo die für ihn bestimmten Geschenke lagen. Da fand jeder etwas Herrliches; und nun gar der Apmann, o je – was der bekam! Erstens: eine weiße Mütze, weil er doch ein Koch war. Zweitens: eine neue weiße Schürze; drittens: eine neue grüne und eine blaue Schürze, und viertens: eine neue Kücheneinrichtung. Töpfe und Schüsselchen, Teller und Tellerchen, Messer und Gabelchen und eine Zange war auch da. »Sieh, was der Apmann alles gekriegt hat!« rief Golo, »aber wo ist der Kochlöffel?« Da sieh – der fehlte – und das Schneewittchen sagte: »Bitte, lieber Apmann, sei nicht böse, ich hatte so viel zu tun, da vergaß ich ihn.« Aber Apmann rief: »Das schadet nichts, ich danke dir, Schneewittchen, das ist doch eine Pracht!« Und alle Zwerge klatschten in die Hände und riefen: »Ja, eine Pracht ist's! Schneewittchen, das hast du wunderschön gemacht!«

Aber nach einer Weile sagten sie wieder: »Schneewittchen, was ist denn mit dir? Für dich ist gar kein Geschenk da!« Und das Kind erwiderte: »Das macht nichts.« Aber da lachten die Zwerglein und riefen: »Meinst du, wir hätten nicht auch an dich gedacht? Geschwind, laß dir die Augen verbinden.« Und als nun jeder sein Geschenk geholt hatte und alles im Zimmer war, wurde dem Schneewittchen die Binde von den Augen genommen und was sah es da? Eine Torte, auf der stand oben in Zucker gegossen: »Hoch unser liebes Schneewittchen!«, ein Paket mit einer weißen Bluse und einem weißen Käppchen, ein Schürzchen, ausgestickt mit goldenen und silbernen Fäden. Und Alberich war gar klug gewesen und wieder einmal zum Brunnen gewandert; und da bekam er für das Kind gleich ein Armband und ein Kettchen, und einen schönen Gruß von der Fee.

Aber wo war Gundobald? Der war gar nicht im Zimmer … Glaubt ihr, er kümmerte sich nicht um das Schneewittchen? Aber da täuscht ihr euch. Denn plötzlich, horch! erscholl Gesang. Denn Gundobald war hinaus in den Wald geeilt und rief nun mit dem Taktstock die Vöglein herbei, die noch zur Winterszeit im Walde weilten.

Und auf sein Gebot kamen sie und sangen, und Gundobald gab den Takt an:

»Stille Nacht, heilige Nacht,
Alles schläft, einsam wacht
Nur das traute hochheilige Paar,
Holder Knabe im lockigen Haar,
Schlaf' in himmlischer Ruh',
Schlaf' in himmlischer Ruh'.«

Und alle Zwerglein horchten und es rannen ihnen die Tränen aus den Augen, und dem Schneewittchen auch. Und hoch oben in den Zweigen des Tannenbaumes jubelte das fremde Vöglein.

E. T. A. Hoffmann

Nußknacker und Mausekönig

Der Weihnachtsabend

Am vierundzwanzigsten Dezember durften die Kinder des Medizinalrats Stahlbaum den ganzen Tag über durchaus nicht in die Mittelstube hinein, viel weniger in das daranstoßende Prunkzimmer. In einem Winkel des Hinterstübchens zusammengekauert, saßen Fritz und Marie, die tiefe Abenddämmerung war eingebrochen und es wurde ihnen recht schaurig zumute, als man, wie es gewöhnlich an dem Tage geschah, kein Licht hereinbrachte. Fritz entdeckte ganz insgeheim wispernd der jüngern Schwester (sie war eben erst sieben Jahr alt worden), wie er schon seit frühmorgens es habe in den verschlossenen Stuben rauschen und rasseln, und leise pochen hören. Auch sei nicht längst ein kleiner dunkler Mann mit einem großen Kasten unter dem Arm über den Flur geschlichen, er wisse aber wohl, daß es niemand anders gewesen als Pate Droßelmeier. Da schlug Marie die kleinen Händchen vor Freude zusammen und rief: »Ach, was wird nur Pate Droßelmeier für uns Schönes gemacht haben.« Der Obergerichtsrat Droßelmeier war gar kein hübscher Mann, nur klein und mager, hatte viele Runzeln im Gesicht, statt des rechten Auges ein großes schwarzes Pflaster und auch gar keine Haare, weshalb er eine sehr schöne weiße Perücke trug, die war aber von Glas und ein künstliches Stück Arbeit. Überhaupt war der Pate selbst auch ein sehr künstlicher Mann, der sich sogar auf Uhren verstand und selbst welche machen konnte. Wenn daher eine von den schönen Uhren in Stahlbaums Hause krank war und nicht singen konnte, dann kam Pate Droßelmeier, nahm die Glasperücke ab, zog sein gelbes Röckchen aus, band eine blaue Schürze um und stach mit spitzigen Instrumenten in die Uhr hinein, so daß es der kleinen Marie ordentlich wehe tat, aber es verursachte der Uhr gar keinen Schaden, sondern sie wurde vielmehr wieder lebendig und fing gleich an recht lustig zu schnurren, zu schlagen und zu singen, worüber denn alles große Freude hatte. Immer trug er, wenn er kam, was Hübsches für die Kinder in der Tasche, bald ein Männlein, das die Augen verdrehte und Komplimente machte, welches komisch anzusehen war, bald eine Dose, aus der ein Vögelchen heraushüpfte, bald was anderes. Aber zu Weihnachten, da hatte er immer ein schönes künstliches Werk verfertigt, das ihm viel Mühe gekostet, weshalb es auch, nachdem es einbeschert worden, sehr sorglich von den Eltern aufbewahrt wurde. – »Ach, was wird nur Pate Droßelmeier für uns Schönes gemacht haben«, rief nun Marie; Fritz meinte aber, es könne wohl diesmal nichts anders sein, als eine Festung, in der allerlei sehr hübsche Soldaten auf und ab marschierten und exerzierten und dann müßten andere Soldaten kommen, die in die Festung hineinwollten, aber nun schössen die Soldaten von innen tapfer heraus mit Kanonen, daß es tüchtig brauste und knallte. »Nein, nein«, unterbrach Marie den Fritz: »Pate Droßelmeier hat mir von einem schönen Garten erzählt, darin ist ein großer See, auf dem schwimmen sehr herrliche Schwäne mit goldnen Halsbändern herum und singen die hübschesten Lieder. Dann kommt ein kleines Mädchen aus dem Garten an den See und lockt die Schwäne heran, und füttert sie mit süßem Marzipan.« »Schwäne fressen keinen Marzipan«, fiel Fritz etwas rauh ein, »und einen ganzen Garten kann Pate Droßelmeier auch nicht machen. Eigentlich haben wir wenig von seinen Spielsachen; es wird uns ja alles gleich wieder weggenommen, da ist mir denn doch das viel lieber, was uns Papa und Mama einbescheren, wir behalten es fein und können damit machen, was wir wollen.« Nun rieten die Kinder hin und her, was es wohl diesmal wieder geben könne. Marie meinte, daß Mamsell Trutchen (ihre große Puppe) sich sehr verändere, denn ungeschickter als jemals fiele sie jeden Augenblick auf den Fußboden, welches ohne garstige Zeichen im Gesicht nicht abginge, und dann sei an Reinlichkeit in der Kleidung gar nicht mehr zu denken. Alles tüchtige Ausschelten helfe nichts. Auch habe Mama gelächelt, als sie sich über Gretchens kleinen Sonnenschirm so gefreut. Fritz versicherte dagegen, ein tüchtiger Fuchs fehle seinem Marstall durchaus so wie seinen Truppen gänzlich an Kavallerie, das sei dem Papa recht gut bekannt. – So wußten die Kinder wohl, daß die Eltern ihnen allerlei schöne Gaben eingekauft hatten, die sie nun aufstellten, es war ihnen aber auch gewiß, daß dabei der liebe Heilige Christ mit gar freundlichen frommen Kindesaugen hineinleuchte und daß wie von segensreicher Hand berührt, jede Weihnachtsgabe herrliche Lust bereite wie keine andere. Daran erinnerte die Kinder, die immerfort von den zu erwartenden Geschenken wisperten, ihre ältere Schwester Luise, hinzufügend, daß es nun aber auch der Heilige Christ sei, der durch die Hand der lieben Eltern den Kindern immer das beschere, was ihnen wahre Freude und Lust bereiten könne, das wisse er viel besser als die Kinder selbst, die müßten daher nicht allerlei wünschen und hoffen, sondern still und fromm erwarten, was ihnen beschert worden. Die kleine Marie wurde ganz nachdenklich, aber Fritz murmelte vor sich hin: »Einen Fuchs und Husaren hätt ich nun einmal gern.«

Es war ganz finster geworden. Fritz und Marie fest aneinandergerückt, wagten kein Wort mehr zu reden, es war ihnen als rausche es mit linden Flügeln um sie her und als ließe sich eine ganz ferne, aber sehr herrliche Musik vernehmen. Ein heller Schein streifte an der Wand hin, da wußten die Kinder, daß nun das Christkind auf glänzenden Wolken fortgeflogen zu andern glücklichen Kindern. In dem Augenblick ging es mit silberhellem Ton: Klingling, klingling, die Türen sprangen auf, und solch ein Glanz strahlte aus dem großen Zimmer hinein, daß die Kinder mit lautem Ausruf: »Ach! – Ach!« wie erstarrt auf der Schwelle stehenblieben. Aber Papa und Mama traten in die Türe, faßten die Kinder bei der Hand und sprachen: »Kommt doch nur, kommt doch nur, ihr lieben Kinder und seht, was euch der Heilige Christ beschert hat.«

Ich wende mich an dich selbst, sehr geneigter Leser oder Zuhörer Fritz – Theodor – Ernst – oder wie du sonst heißen magst und bitte dich, daß du dir deinen letzten mit schönen bunten Gaben reich geschmückten Weihnachtstisch recht lebhaft vor Augen bringen mögest, dann wirst du es dir wohl auch denken können, wie die Kinder mit glänzenden Augen ganz verstummt stehenblieben, wie erst nach einer Weile Marie mit einem tiefen Seufzer rief: »Ach wie schön – ach wie schön«, und Fritz einige Luftsprünge versuchte, die ihm überaus wohl gerieten. Aber die Kinder mußten auch das ganze Jahr über besonders artig und fromm gewesen sein, denn nie war ihnen so viel Schönes, Herrliches einbeschert worden als dieses Mal. Der große Tannenbaum in der Mitte trug viele goldne und silberne Äpfel, und wie Knospen und Blüten keimten Zuckermandeln und bunte Bonbons und was es sonst noch für schönes Naschwerk gibt, aus allen Ästen. Als das Schönste an dem Wunderbaum mußte aber wohl gerühmt werden, daß in seinen dunkeln Zweigen hundert kleine Lichter wie Sternlein funkelten und er selbst in sich hinein- und herausleuchtend die Kinder freundlich einlud seine Blüten und Früchte zu pflücken. Um den Baum umher glänzte alles sehr bunt und herrlich – was es da alles für schöne Sachen gab – ja, wer das zu beschreiben vermöchte! Marie erblickte die zierlichsten Puppen, allerlei saubere kleine Gerätschaften und was vor allem schön anzusehen war, ein seidenes Kleidchen mit bunten Bändern zierlich geschmückt, hing an einem Gestell so der kleinen Marie vor Augen, daß sie es von allen Seiten betrachten konnte und das tat sie denn auch, indem sie ein Mal über das andere ausrief: »Ach das schöne, ach das liebe – liebe Kleidchen: und das werde ich – ganz gewiß – das werde ich wirklich anziehen dürfen!« – Fritz hatte indessen schon drei- oder viermal um den Tisch herumgaloppierend und -trabend den neuen Fuchs versucht, den er in der Tat am Tische angezäumt gefunden. Wieder absteigend, meinte er: es sei eine wilde Bestie, das täte aber nichts, er wolle ihn schon kriegen, und musterte die neue Schwadron Husaren, die sehr prächtig in Rot und Gold gekleidet waren, lauter silberne Waffen trugen und auf solchen weißglänzenden Pferden ritten, daß man beinahe hätte glauben sollen, auch diese seien von purem Silber. Eben wollten die Kinder, etwas ruhiger geworden, über die Bilderbücher her, die aufgeschlagen waren, daß man allerlei sehr schöne Blumen und bunte Menschen, ja auch allerliebste spielende Kinder, so natürlich gemalt als lebten und sprächen sie wirklich, gleich anschauen konnte. – Ja! eben wollten die Kinder über diese wunderbaren Bücher her, als nochmals geklingelt wurde. Sie wußten, daß nun der Pate Droßelmeier einbescheren würde, und liefen nach dem an der Wand stehenden Tisch. Schnell wurde der Schirm, hinter dem er so lange versteckt gewesen, weggenommen. Was erblickten da die Kinder! – Auf einem grünen mit bunten Blumen geschmückten Rasenplatz stand ein sehr herrliches Schloß mit vielen Spiegelfenstern und goldnen Türmen. Ein Glockenspiel ließ sich hören, Türen und Fenster gingen auf, und man sah, wie sehr kleine aber zierliche Herrn und Damen mit Federhüten und langen Schleppkleidern in den Sälen herumspazierten. In dem Mittelsaal, der ganz in Feuer zu stehen schien – so viel Lichterchen brannten an silbernen Kronleuchtern – tanzten Kinder in kurzen Wämschen und Röckchen nach dem Glockenspiel. Ein Herr in einem smaragdenen Mantel sah oft durch ein Fenster, winkte heraus und verschwand wieder, so wie auch Pate Droßelmeier selbst, aber kaum viel höher als Papas Daumen zuweilen unten an der Tür des Schlosses stand und wieder hineinging. Fritz hatte mit auf den Tisch gestemmten Armen das schöne Schloß und die tanzenden und spazierenden Figürchen angesehen, dann sprach er: »Pate Droßelmeier! Laß mich mal hineingehen in dein Schloß!« – Der Obergerichtsrat bedeutete ihn, daß das nun ganz und gar nicht anginge. Er hatte auch recht, denn es war töricht von Fritzen, daß er in ein Schloß gehen wollte, welches überhaupt mitsamt seinen goldnen Türmen nicht so hoch war, als er selbst. Fritz sah das auch ein. Nach einer Weile, als immerfort auf dieselbe Weise die Herrn und Damen hin und her spazierten, die Kinder tanzten, der smaragdne Mann zu demselben Fenster heraussah, Pate Droßelmeier vor die Türe trat, da rief Fritz ungeduldig: »Pate Droßelmeier, nun komm mal zu der andern Tür da drüben heraus.« »Das geht nicht, liebes Fritzchen«, erwiderte der Obergerichtsrat. »Nun so laß mal«, sprach Fritz weiter, »laß mal den grünen Mann, der so oft heraus kuckt, mit den andern herumspazieren.« »Das geht auch nicht«, erwiderte der Obergerichtsrat aufs neue. »So sollen die Kinder herunterkommen«, rief Fritz, »ich will sie näher besehen.« »Ei, das geht alles nicht«, sprach der Obergerichtsrat verdrießlich, »wie die Mechanik nun einmal gemacht ist, muß sie bleiben.« »So-o?« fragte Fritz mit gedehnten Ton, »das geht alles nicht? Hör mal, Pate Droßelmeier, wenn deine kleinen geputzten Dinger in dem Schlosse nichts mehr können als immer dasselbe, da taugen sie nicht viel, und ich frage nicht sonderlich nach ihnen. – Nein, da lob ich mir meine Husaren, die müssen manövrieren vorwärts, rückwärts, wie ich's haben will und sind in kein Haus gesperrt.« Und damit sprang er fort an den Weihnachtstisch und ließ seine Eskadron auf den silbernen Pferden hin und her trottieren und schwenken und einhauen und feuern nach Herzenslust. Auch Marie hatte sich sachte fortgeschlichen, denn auch sie wurde des Herumgehens und Tanzens der Püppchen im Schlosse bald überdrüssig, und mochte es, da sie sehr artig und gut war, nur nicht so merken lassen wie Bruder Fritz. Der Obergerichtsrat Droßelmeier sprach ziemlich verdrießlich zu den Eltern: »Für unverständige Kinder ist solch künstliches Werk nicht, ich will nur mein Schloß wieder einpacken«; doch die Mutter trat hinzu, und ließ sich den innern Bau und das wunderbare, sehr künstliche Räderwerk zeigen, wodurch die kleinen Püppchen in Bewegung gesetzt wurden. Der Rat nahm alles auseinander, und setzte es wieder zusammen. Dabei war er wieder ganz heiter geworden, und schenkte den Kindern noch einige schöne braune Männer und Frauen mit goldnen Gesichtern, Händen und Beinen. Sie waren sämtlich aus Thorn und rochen so süß und angenehm wie Pfefferkuchen, worüber Fritz und Marie sich sehr erfreuten. Schwester Luise hatte, wie es die Mutter gewollt, das schöne Kleid angezogen, welches ihr einbeschert worden, und sah wunderhübsch aus, aber Marie meinte, als sie auch ihr Kleid anziehen sollte, sie möchte es lieber noch ein bißchen so ansehen. Man erlaubte ihr das gern.

Der Schützling

Eigentlich mochte Marie sich deshalb gar nicht von dem Weihnachtstisch trennen, weil sie eben etwas noch nicht Bemerktes entdeckt hatte. Durch das Ausrücken von Fritzens Husaren, die dicht an dem Baum in Parade gehalten, war nämlich ein sehr vortrefflicher kleiner Mann sichtbar geworden, der still und bescheiden dastand, als erwarte er ruhig, wenn die Reihe an ihn kommen werde. Gegen seinen Wuchs wäre freilich vieles einzuwenden gewesen, denn abgesehen davon, daß der etwas lange, starke Oberleib nicht recht zu den kleinen dünnen Beinchen passen wollte, so schien auch der Kopf bei weitem zu groß. Vieles machte die propre Kleidung gut, welche auf einen Mann von Geschmack und Bildung schließen ließ. Er trug nämlich ein sehr schönes violettglänzendes Husarenjäckchen mit vielen weißen Schnüren und Knöpfchen, ebensolche Beinkleider, und die schönsten Stiefelchen, die jemals an die Füße eines Studenten, ja wohl gar eines Offiziers gekommen sind. Sie saßen an den zierlichen Beinchen so knapp angegossen, als wären sie darauf gemalt. Komisch war es zwar, daß er zu dieser Kleidung sich hinten einen schmalen unbeholfenen Mantel, der recht aussah wie von Holz, angehängt, und ein Bergmannsmützchen aufgesetzt hatte, indessen dachte Marie daran, daß Pate Droßelmeier ja auch einen sehr schlechten Matin umhänge, und eine fatale Mütze aufsetze, dabei aber doch ein gar lieber Pate sei. Auch stellte Marie die Betrachtung an, daß Pate Droßelmeier, trüge er sich auch übrigens so zierlich wie der Kleine, doch nicht einmal so hübsch als er aussehen werde. Indem Marie den netten Mann, den sie auf den ersten Blick liebgewonnen, immer mehr und mehr ansah, da wurde sie erst recht inne, welche Gutmütigkeit auf seinem Gesichte lag. Aus den hellgrünen, etwas zu großen hervorstehenden Augen sprach nichts als Freundschaft und Wohlwollen. Es stand dem Manne gut, daß sich um sein Kinn ein wohlfrisierter Bart von weißer Baumwolle legte, denn um so mehr konnte man das süße Lächeln des hochroten Mundes bemerken. »Ach!« rief Marie endlich aus: »ach lieber Vater, wem gehört denn der allerliebste kleine Mann dort am Baum?« »Der«, antwortete der Vater, »der, liebes Kind! soll für euch alle tüchtig arbeiten, er soll euch fein die harten Nüsse aufbeißen, und er gehört Luisen ebensogut als dir und dem Fritz.« Damit nahm ihn der Vater behutsam vom Tische, und indem er den hölzernen Mantel in die Höhe hob, sperrte das Männlein den Mund weit, weit auf, und zeigte zwei Reihen sehr weißer spitzer Zähnchen. Marie schob auf des Vaters Geheiß eine Nuß hinein, und – knack – hatte sie der Mann zerbissen, daß die Schalen abfielen, und Marie den süßen Kern in die Hand bekam. Nun mußte wohl jeder und auch Marie wissen, daß der zierliche kleine Mann aus dem Geschlecht der Nußknacker abstammte, und die Profession seiner Vorfahren trieb. Sie jauchzte auf vor Freude, da sprach der Vater: »Da dir, liebe Marie, Freund Nußknacker so sehr gefällt, so sollst du ihn auch besonders hüten und schützen, unerachtet, wie ich gesagt, Luise und Fritz ihn mit ebenso vielem Recht brauchen können als du!« – Marie nahm ihn sogleich in den Arm, und ließ ihn Nüsse aufknacken, doch suchte sie die kleinsten aus, damit das Männlein nicht so weit den Mund aufsperren durfte, welches ihm doch im Grunde nicht gut stand. Luise gesellte sich zu ihr, und auch für sie mußte Freund Nußknacker seine Dienste verrichten, welches er gern zu tun schien, da er immerfort sehr freundlich lächelte. Fritz war unterdessen vom vielen Exerzieren und Reiten müde geworden, und da er so lustig Nüsse knacken hörte, sprang er hin zu den Schwestern, und lachte recht von Herzen über den kleinen drolligen Mann, der nun, da Fritz auch Nüsse essen wollte, von Hand zu Hand ging, und gar nicht aufhören konnte mit Auf- und Zuschnappen. Fritz schob immer die größten und härtsten Nüsse hinein, aber mit einem Male ging es – krack – krack – und drei Zähnchen fielen aus des Nußknackers Munde, und sein ganzes Unterkinn war lose und wacklicht. – »Ach, mein armer lieber Nußknacker!« schrie Marie laut, und nahm ihn dem Fritz aus den Händen. »Das ist ein einfältiger dummer Bursche«, sprach Fritz. »Will Nußknacker sein, und hat kein ordentliches Gebiß – mag wohl auch sein Handwerk gar nicht verstehn. – Gib ihn nur her, Marie! Er soll mir Nüsse zerbeißen, verliert er auch noch die übrigen Zähne, ja das ganze Kinn obendrein, was ist an dem Taugenichts gelegen.« »Nein, nein«, rief Marie weinend, »du bekommst ihn nicht, meinen lieben Nußknacker, sieh nur her, wie er mich so wehmütig anschaut, und mir sein wundes Mündchen zeigt! – Aber du bist ein hartherziger Mensch – du schlägst deine Pferde und läßt wohl gar einen Soldaten totschießen.« – »Das muß so sein, das verstehst du nicht«, rief Fritz; »aber der Nußknacker gehört ebensogut mir, als dir, gib ihn nur her.« – Marie fing an heftig zu weinen, und wickelte den kranken Nußknacker schnell in ihr kleines Taschentuch ein. Die Eltern kamen mit dem Paten Droßelmeier herbei. Dieser nahm zu Mariens Leidwesen Fritzens Partie. Der Vater sagte aber: »Ich habe den Nußknacker ausdrücklich unter Mariens Schutz gestellt, und da, wie ich sehe, er dessen eben jetzt bedarf, so hat sie volle Macht über ihn, ohne daß jemand dreinzureden hat. Übrigens wundert es mich sehr von Fritzen, daß er von einem im Dienst Erkrankten noch fernere Dienste verlangt. Als guter Militär sollte er doch wohl wissen, daß man Verwundete niemals in Reihe und Glied stellt?« – Fritz war sehr beschämt, und schlich, ohne sich weiter um Nüsse und Nußknacker zu bekümmern, fort an die andere Seite des Tisches, wo seine Husaren, nachdem sie gehörige Vorposten ausgestellt hatten, ins Nachtquartier gezogen waren. Marie suchte Nußknackers verlorne Zähnchen zusammen, um das kranke Kinn hatte sie ein hübsches weißes

Band, das sie von ihrem Kleidchen abgelöst, gebunden, und dann den armen Kleinen, der sehr blaß und erschrocken aussah, noch sorgfältiger als vorher in ihr Tuch eingewickelt. So hielt sie ihn wie ein kleines Kind wiegend in den Armen, und besah die schönen Bilder des neuen Bilderbuchs, das heute unter den andern vielen Gaben lag. Sie wurde, wie es sonst gar nicht ihre Art war, recht böse, als Pate Droßelmeier so sehr lachte, und immerfort fragte: wie sie denn mit solch einem grundhäßlichen kleinen Kerl so schöntun könne? – Jener sonderbare Vergleich mit Droßelmeier, den sie anstellte, als der Kleine ihr zuerst in die Augen fiel, kam ihr wieder in den Sinn, und sie sprach sehr ernst: »Wer weiß, lieber Pate, ob du denn, putzest du dich auch so heraus wie mein lieber Nußknacker, und hättest du auch solche schöne blanke Stiefelchen an, wer weiß, ob du denn doch so hübsch aussehen würdest als er!« – Marie wußte gar nicht, warum denn die Eltern so laut auflachten, und warum der Obergerichtsrat solch eine rote Nase bekam, und gar nicht so hell mitlachte, wie zuvor. Es mochte wohl seine besondere Ursache haben.

Wunderdinge

Bei Medizinalrats in der Wohnstube, wenn man zur Türe hineintritt gleich links an der breiten Wand steht ein hoher Glasschrank, in welchem die Kinder all die schönen Sachen, die ihnen jedes Jahr einbeschert worden, aufbewahren. Die Luise war noch ganz klein, als der Vater den Schrank von einem sehr geschickten Tischler machen ließ, der so himmelhelle Scheiben einsetzte, und überhaupt das Ganze so geschickt einzurichten wußte, daß alles drinnen sich beinahe blanker und hübscher ausnahm, als wenn man es in Händen hatte. Im obersten Fache, für Marien und Fritzen unerreichbar, standen des Paten Droßelmeier Kunstwerke, gleich darunter war das Fach für die Bilderbücher, die beiden untersten Fächer durften Marie und Fritz anfüllen wie sie wollten, jedoch geschah es immer, daß Marie das unterste Fach ihren Puppen zur Wohnung einräumte, Fritz dagegen in dem Fache drüber seine Truppen Kantonierungsquartiere beziehen ließ. So war es auch heute gekommen, denn, indem Fritz seine Husaren oben aufgestellt, hatte Marie unten Mamsell Trutchen beiseite gelegt, die neue schön geputzte Puppe in das sehr gut möblierte Zimmer hineingesetzt, und sich auf Zuckerwerk bei ihr eingeladen. Sehr gut möbliert war das Zimmer, habe ich gesagt, und das ist auch wahr, denn ich weiß nicht, ob du, meine aufmerksame Zuhörerin Marie! ebenso wie die kleine Stahlbaum (es ist dir schon bekannt worden, daß sie auch Marie heißt), ja! – ich meine, ob du ebenso wie diese, ein kleines schöngeblümtes Sofa, mehrere allerliebste Stühlchen, einen niedlichen Teetisch, vor allen Dingen aber ein sehr nettes blankes Bettchen besitzest, worin die schönsten Puppen ausruhen? Alles dieses stand in der Ecke des Schranks, dessen Wände hier sogar mit bunten Bilderchen tapeziert waren, und du kannst dir wohl denken, daß in *diesem* Zimmer die neue Puppe, welche, wie Marie noch denselben Abend erfuhr, Mamsell Clärchen hieß, sich sehr wohl befinden mußte.

Es war später Abend geworden, ja Mitternacht im Anzuge, und Pate Droßelmeier längst fortgegangen, als die Kinder noch gar nicht wegkommen konnten von dem Glasschrank, so sehr auch die Mutter mahnte, daß sie doch endlich nun zu Bette gehen möchten. »Es ist wahr«, rief endlich Fritz, »die armen Kerls« (seine Husaren meinend) »wollen auch nun Ruhe haben, und solange ich da bin, wagt's keiner, ein bißchen zu nicken, das weiß ich schon!« Damit ging er ab; Marie aber bat gar sehr: »Nur noch ein Weilchen, ein einziges kleines Weilchen laß mich hier, liebe Mutter, hab ich ja doch manches zu besorgen, und ist das geschehen, so will ich ja gleich zu Bette gehen!« Marie war gar ein frommes vernünftiges Kind, und so konnte die gute Mutter wohl ohne Sorgen sie noch bei den Spielsachen allein lassen. Damit aber Marie nicht etwa gar zu sehr verlockt werde von der neuen Puppe und den schönen Spielsachen überhaupt, so aber die Lichter vergäße, die rings um den Wandschrank brennten, löschte die Mutter sie sämtlich aus, so daß nur die Lampe, die in der Mitte des Zimmers von der Decke herabhing, ein sanftes anmutiges Licht verbreitete. »Komm bald hinein, liebe Marie! sonst kannst du ja morgen nicht zu rechter Zeit aufstehen«, rief die Mutter, indem sie sich in das Schlafzimmer entfernte. Sobald sich Marie allein befand, schritt sie schnell dazu, was ihr zu tun recht auf dem Herzen lag, und was sie doch nicht, selbst wußte sie nicht warum, der Mutter zu entdecken vermochte. Noch immer hatte sie den kranken Nußknacker eingewickelt in ihr Taschentuch auf dem Arm getragen. Jetzt legte sie ihn behutsam auf den Tisch, wickelte leise, leise das Tuch ab, und sah nach den Wunden. Nußknacker war sehr bleich, aber dabei lächelte er so sehr wehmütig freundlich, daß es Marien recht durch das Herz ging. »Ach, Nußknackerchen«, sprach sie sehr leise, »sei nur nicht böse, daß Bruder Fritz dir so wehe getan hat, er hat es auch nicht so schlimm gemeint, er ist nur ein bißchen hartherzig geworden durch das wilde Soldatenwesen, aber sonst ein recht guter Junge, das kann ich dich versichern. Nun will ich dich aber auch recht sorglich so lange pflegen, bis du wieder ganz gesund und fröhlich geworden; dir deine Zähnchen recht fest einsetzen, dir die Schultern einrenken, das soll Pate Droßelmeier, der sich auf solche Dinge versteht.« – Aber nicht ausreden konnte Marie, denn indem sie den Namen Droßelmeier nannte, machte Freund Nußknacker ein ganz verdammt schiefes Maul, und aus seinen Augen fuhr es heraus, wie grünfunkelnde Stacheln. In dem Augenblick aber, daß Marie sich recht entsetzen wollte, war es ja wieder des ehrlichen Nußknackers wehmütig lächelndes Gesicht, welches sie anblickte, und sie wußte nun wohl, daß der von der Zugluft berührte, schnell auflodernde Strahl der Lampe im Zimmer Nußknackers Gesicht so entstellt hatte. »Bin ich nicht ein töricht Mädchen, daß ich so leicht erschrecke, so daß ich sogar glaube, das Holzpüppchen da könne mir Gesichter schneiden! Aber lieb ist mir doch Nußknacker gar zu sehr, weil er so komisch ist, und doch so gutmütig, und darum muß er gepflegt werden, wie sich's gehört!« Damit nahm Marie den

Freund Nußknacker in den Arm, näherte sich dem Glasschrank, kauerte vor demselben, und sprach also zur neuen Puppe: »Ich bitte dich recht sehr, Mamsell Clärchen, tritt dein Bettchen dem kranken wunden Nußknacker ab, und behelfe dich, so gut wie es geht, mit dem Sofa. Bedenke, daß du sehr gesund, und recht bei Kräften bist, denn sonst würdest du nicht solche dicke dunkelrote Backen haben, und daß sehr wenige der allerschönsten Puppen solche weiche Sofas besitzen.«

Mamsell Clärchen sah in vollem glänzenden Weihnachtsputz sehr vornehm und verdrießlich aus, und sagte nicht »Muck!« »Was mache ich aber auch für Umstände«, sprach Marie, nahm das Bette hervor, legte sehr leise und sanft Nußknackerchen hinein, wickelte noch ein gar schönes Bändchen, das sie sonst um den Leib getragen, um die wunden Schultern, und bedeckte ihn bis unter die Nase. »Bei der unartigen Cläre darf er aber nicht bleiben«, sprach sie weiter, und hob das Bettchen samt dem darinne liegenden Nußknacker heraus in das obere Fach, so daß es dicht neben dem schönen Dorf zu stehen kam, wo Fritzens Husaren kantonierten. Sie verschloß den Schrank und wollte ins Schlafzimmer, da – horcht auf Kinder! – da fing es an leise – leise zu wispern und zu flüstern und zu rascheln ringsherum, hinter dem Ofen, hinter den Stühlen, hinter den Schränken. – Die Wanduhr schnurrte dazwischen lauter und lauter, aber sie konnte nicht schlagen. Marie blickte hin, da hatte die große vergoldete Eule, die darauf saß, ihre Flügel herabgesenkt, so daß sie die ganze Uhr überdeckten und den häßlichen Katzenkopf mit krummen Schnabel weit vorgestreckt. Und stärker schnurrte es mit vernehmlichen Worten: »Uhr, Uhre, Uhre, Uhren, müßt alle nur leise schnurren, leise schnurren. – Mausekönig hat ja wohl ein feines Ohr – purrpurr – pum pum singt nur, singt ihm altes Liedlein vor – purr purr – pum pum schlag an Glöcklein, schlag an, bald ist es um ihn getan!« Und pum pum ging es ganz dumpf und heiser zwölfmal! – Marien fing an sehr zu grauen, und entsetzt wär sie beinahe davongelaufen, als sie Pate Droßelmeier erblickte, der statt der Eule auf der Wanduhr saß und seine gelben

Rockschöße von beiden Seiten wie Flügel herabgehängt hatte, aber sie ermannte sich und rief laut und weinerlich: »Pate Droßelmeier, Pate Droßelmeier, was willst du da oben? Komm herunter zu mir und erschrecke mich nicht so, du böser Pate Droßelmeier!« – Aber da ging ein tolles Kichern und Gepfeife los rundumher, und bald trottierte und lief es hinter den Wänden wie mit tausend kleinen Füßchen und tausend kleine Lichterchen blickten aus den Ritzen der Dielen. Aber nicht Lichterchen waren es, nein! kleine funkelnde Augen, und Marie wurde gewahr, daß überall Mäuse hervorguckten und sich hervorarbeiteten. Bald ging es trott – trott – hopp hopp in der Stube umher – immer lichtere und dichtere Haufen Mäuse galoppierten hin und her, und stellten sich endlich in Reihe und Glied, so wie Fritz seine Soldaten zu stellen pflegte, wenn es zur Schlacht gehen sollte. Das kam nun Marien sehr possierlich vor, und da sie nicht, wie manche andere Kinder, einen natürlichen Abscheu gegen Mäuse hatte, wollte ihr eben alles Grauen vergehen, als es mit einemmal so entsetzlich und so schneidend zu pfeifen begann, daß es ihr eiskalt über den Rücken lief! – Ach was erblickte sie jetzt! – Nein, wahrhaftig, geehrter Leser Fritz, ich weiß, daß ebensogut wie dem weisen und mutigen Feldherrn Fritz Stahlbaum dir das Herz auf dem rechten Flecke sitzt, aber, hättest du *das* gesehen, was Marien jetzt vor Augen kam, wahrhaftig du wärst davongelaufen, ich glaube sogar, du wärst schnell ins Bett gesprungen und hättest die Decke viel weiter über die Ohren gezogen als gerade nötig. – Ach! – das konnte die arme Marie ja nicht einmal tun, denn hört nur Kinder! – dicht dicht vor ihren Füßen sprühte es wie von unterirdischer Gewalt getrieben, Sand und Kalk und zerbröckelte Mauersteine hervor und sieben Mäuseköpfe mit sieben hellfunkelnden Kronen erhoben sich recht gräßlich zischend und pfeifend aus dem Boden. Bald arbeitete sich auch der Mausekörper, an dessen Hals die sieben Köpfe angewachsen waren, vollends hervor und der großen mit sieben Diademen geschmückten Maus jauchzte in vollem Chorus dreimal laut aufquiekend das ganze Heer entgegen, das sich nun auf einmal in Bewegung setzte und hott, hott – trott – trott ging es – ach geradezu auf den Schrank – geradezu auf Marien los, die noch dicht an der Glastüre des Schrankes stand. Vor Angst und Grauen hatte Marien das Herz schon so gepocht, daß sie glaubte, es müsse nun gleich aus der Brust herausspringen und dann müßte sie sterben; aber nun war es ihr, als stehe ihr das Blut in den Adern still. Halb ohnmächtig wankte sie zurück, da ging es klirr – klirr – prr und in Scherben fiel die Glasscheibe des Schranks herab, die sie mit dem Ellbogen eingestoßen. Sie fühlte wohl in dem Augenblick einen recht stechenden Schmerz am linken Arm, aber es war ihr auch plötzlich viel leichter ums Herz, sie hörte kein Quieken und Pfeifen mehr, es war alles ganz still geworden, und, obschon sie nicht hinblikken mochte, glaubte sie doch, die Mäuse wären von dem Klirren der Scheibe erschreckt wieder abgezogen in ihre Löcher. – Aber was war denn das wieder? – Dicht hinter Marien fing es an im Schrank auf seltsame Weise zu rumoren und ganz feine Stimmchen fingen an: »Aufgewacht – aufgewacht – wolln zur Schlacht – noch diese Nacht – aufgewacht – auf zur Schlacht.« – Und dabei klingelte es mit harmonischen Glöcklein gar hübsch und anmutig! »Ach das ist ja mein kleines Glockenspiel«, rief Marie freudig, und sprang schnell zur Seite. Da sah sie wie es im Schrank ganz sonderbar leuchtete und herumwirtschaftete und hantierte. Es waren mehrere Puppen, die durcheinanderliefen und mit den kleinen Armen herumfochten. Mit einemmal erhob sich jetzt Nußknacker, warf die Decke weit von sich und sprang mit beiden Füßen zugleich aus dem Bette, indem er laut rief: »Knack – knack – knack – dummes Mausepack – dummer toller Schnack – Mausepack – Knack – Knack – Mausepack – Krick und Krack – wahrer Schnack.« Und damit zog er sein kleines Schwert und schwang es in den Lüften und rief: »Ihr meine lieben Vasallen, Freunde und Brüder, wollt ihr mir beistehen im harten Kampf?« – Sogleich schrien heftig drei Skaramuzze, ein Pantalon, vier Schornsteinfeger, zwei Zitherspielmänner und ein Tambour: »Ja, Herr – wir hängen Euch an in standhafter Treue –

mit Euch ziehen wir in Tod, Sieg und Kampf!« und stürzten sich nach dem begeisterten Nußknacker, der den gefährlichen Sprung wagte, vom obern Fach herab. Ja! jene hatten gut sich herabstürzen, denn nicht allein, daß sie reiche Kleider von Tuch und Seide trugen, so war inwendig im Leibe auch nicht viel anders als Baumwolle und Häcksel, daher plumpten sie auch herab wie Wollsäckchen. Aber der arme Nußknacker, der hätte gewiß Arm und Beine gebrochen, denn, denkt euch, es war beinahe zwei Fuß hoch vom Fache, wo er stand, bis zum untersten, und sein Körper war so spröde als sei er geradezu aus Lindenholz geschnitzt. Ja, Nußknacker hätte gewiß Arm und Beine gebrochen, wäre, im Augenblick als er sprang, nicht auch Mamsell Clärchen schnell vom Sofa aufgesprungen und hätte den Helden mit dem gezogenen Schwert in ihren weichen Armen aufgefangen. »Ach, du liebes gutes Clärchen!« schluchzte Marie, »wie habe ich dich verkannt, gewiß gabst du Freund Nußknackern dein Bettchen recht gerne her!« Doch Mamsell Clärchen sprach jetzt, indem sie den jungen Helden sanft an ihre seidene Brust drückte: »Wollet Euch, o Herr! krank und wund wie Ihr seid, doch nicht in Kampf und Gefahr begeben, seht wie Eure tapferen Vasallen kampflustig und des Sieges gewiß sich sammeln. Skaramuz, Pantalon, Schornsteinfeger, Zitherspielmann und Tambour sind schon unten und die Devisen-Figuren in meinem Fache rühren und regen sich merklich! Wollet, o Herr! in meinen Armen ausruhen, oder von meinem Federhut herab Euern Sieg anschaun!« So sprach Clärchen, doch Nußknacker tat ganz ungebärdig und strampelte so sehr mit den Beinen, daß Clärchen ihn schnell herab auf den Boden setzen mußte. In dem Augenblick ließ er sich aber sehr artig auf ein Knie nieder und lispelte: »O Dame! stets werd ich Eurer mir bewiesenen Gnade und Huld gedenken in Kampf und Streit!« Da bückte sich Clärchen so tief herab, daß sie ihn beim Ärmchen ergreifen konnte, hob ihn sanft auf, löste schnell ihren mit vielen Flittern gezierten Leibgürtel los und wollte ihn dem Kleinen umhängen, doch der wich zwei Schritte zurück, legte die Hand auf die Brust, und sprach sehr feierlich:

»Nicht so wollet, o Dame, Eure Gunst an mir verschwenden, denn –« er stockte, seufzte tief auf, riß dann schnell das Bändchen, womit ihn Marie verbunden hatte, von den Schultern, drückte es an die Lippen, hing es wie eine Feldbinde um, und sprang, das blankgezogene Schwertlein mutig schwenkend, schnell und behende wie ein Vögelchen über die Leiste des Schranks auf den Fußboden. – Ihr merkt wohl höchst geneigte und sehr vortreffliche Zuhörer, daß Nußknacker schon früher als er wirklich lebendig worden, alles Liebe und Gute, was ihm Marie erzeigte, recht deutlich fühlte, und daß er nur deshalb, weil er Marien so gar gut worden, auch nicht einmal ein Band von Mamsell Clärchen annehmen und tragen wollte, unerachtet es sehr glänzte und sehr hübsch aussah. Der treue gute Nußknacker putzte sich lieber mit Mariens schlichtem Bändchen. – Aber wie wird es nun weiter werden? – Sowie Nußknacker herabspringt, geht auch das Quieken und Piepen wieder los. Ach! unter dem großen Tische halten ja die fatalen Rotten unzähliger Mäuse und über alle ragt die abscheuliche Maus mit den sieben Köpfen hervor! – Wie wird das nun werden! –

Die Schlacht

»Schlagt den Generalmarsch, getreuer Vasalle Tambour!« schrie Nußknacker sehr laut und sogleich fing der Tambour an, auf die künstlichste Weise zu wirbeln, daß die Fenster des Glasschranks zitterten und dröhnten. Nun krackte und klapperte es drinnen und Marie wurde gewahr, daß die Deckel sämtlicher Schachteln worin Fritzens Armee einquartiert war mit Gewalt auf- und die Soldaten heraus und herab ins unterste Fach sprangen, dort sich aber in blanken Rotten sammelten. Nußknacker lief auf und nieder, begeisterte Worte zu den Truppen sprechend: »Kein Hund von Trompeter regt und rührt sich«, schrie Nußknacker erbost, wandte sich aber dann schnell zum Pantalon, der etwas blaß geworden, mit dem langen Kinn sehr wackelte, und sprach feierlich: »General, ich kenne Ihren Mut und Ihre Erfahrung, hier gilt's schnellen Überblick und Benutzung des Moments – ich vertraue Ihnen das Kommando sämtlicher Kavallerie und Artillerie an – ein Pferd brauchen Sie nicht, Sie haben sehr lange Beine und galoppieren damit leidlich. – Tun Sie jetzt was Ihres Berufs ist.« Sogleich drückte Pantalon die dürren langen Fingerchen an den Mund und krähte so durchdringend, daß es klang als würden hundert helle Trompetlein lustig geblasen. Da ging es im Schrank an ein Wiehern und Stampfen, und siehe, Fritzens Kürassiere und Dragoner, vor allen Dingen aber die neuen glänzenden Husaren rückten aus, und hielten bald unten auf dem Fußboden. Nun defilierte Regiment auf Regiment mit fliegenden Fahnen und klingendem Spiel bei Nußknacker vorüber und stellte sich in breiter Reihe quer über den Boden des Zimmers. Aber vor ihnen her fuhren rasselnd Fritzens Kanonen auf, von den Kanonieren umgeben, und bald ging es bum – bum und Marie sah wie die Zuckererbsen einschlugen in den dicken Haufen der Mäuse, die davon ganz weiß überpudert wurden und sich sehr schämten. Vorzüglich tat ihnen aber eine schwere Batterie viel Schaden, die auf Mamas Fußbank aufgefahren war und Pum – Pum – Pum, immer hintereinander fort Pfeffernüsse unter die Mäuse schoß, wovon sie umfielen. Die Mäuse kamen aber doch immer näher und überrannten sogar einige Kanonen, aber da ging es Prr – Prr, Prr, und vor Rauch und Staub konnte Marie kaum sehen, was nun geschah. Doch so viel war gewiß, daß jedes Korps sich mit der höchsten Erbitterung schlug, und der Sieg lange hin und her schwankte. Die Mäuse entwickelten immer mehr und mehr Massen, und ihre kleinen silbernen Pillen, die sie sehr geschickt zu schleudern wußten, schlugen schon bis in den Glasschrank hinein. Verzweiflungsvoll liefen Clärchen und Trutchen umher, und rangen sich die Händchen wund. »Soll ich in meiner blühendsten Jugend sterben! – ich die schönste der Puppen!« schrie Clärchen. »Hab ich darum mich so gut konserviert, um hier in meinen vier Wänden umzukommen?« rief Trutchen. Dann fielen sie sich um den Hals, und heulten so sehr, daß man es trotz des tollen Lärms doch hören könnte. Denn von dem Spektakel, der nun losging, habt ihr kaum einen Begriff, werte Zuhörer. – Das ging – Prr – Prr – Puff, Piff – Schnetterdeng – Schnetterdeng – Bum, Burum, Bum – Burum – Bum – durcheinander und dabei quiekten und schrien Mauskönig und Mäuse, und dann hörte man wieder Nußknackers gewaltige Stimme, wie er nützliche Befehle austeilte und sah ihn, wie er über die im Feuer stehenden Bataillone hinwegschritt! – Pantalon hatte einige sehr glänzende Kavallerieangriffe gemacht und sich mit Ruhm bedeckt, aber Fritzens Husaren wurden von der Mäuseartillerie mit häßlichen, übelriechenden Kugeln beworfen, die ganz fatale Flecke in ihren roten Wämsern machten, weshalb sie nicht recht vor wollten. Pantalon ließ sie links abschwenken und in der Begeisterung des Kommandierens machte er es ebenso und seine Kürassiere und Dragoner auch, das heißt, sie schwenkten alle links ab, und gingen nach Hause. Dadurch geriet die auf der Fußbank postierte Batterie in Gefahr, und es dauerte auch gar nicht lange, so kam ein dicker Haufe sehr häßlicher Mäuse und rannte so stark an, daß die ganze Fußbank mitsamt den Kanonieren und Kanonen umfiel. Nußknacker schien sehr bestürzt, und befahl, daß der rechte Flügel eine rückgängige Bewegung machen solle. Du weißt, o mein kriegserfahrner Zuhörer Fritz! daß eine solche Bewegung machen, beinahe so viel heißt als davonlaufen und betrauerst mit mir schon jetzt das Unglück, was über die Armee des kleinen von Marie geliebten Nußknackers kommen sollte! – Wende jedoch dein Auge von diesem Unheil ab, und beschaue den linken Flügel der Nußknackerischen Armee, wo alles noch sehr gut steht und für Feldherrn und Armee viel zu hoffen ist. Während des hitzigsten Gefechts waren leise leise Mäuse-Kavalleriemassen unter der Kommode herausdebouchiert, und hatten sich unter lautem gräßlichen Gequiek mit Wut auf den linken Flügel der Nußknackerischen Armee geworfen, aber welchen Widerstand fanden sie da! – Langsam, wie es die Schwierigkeit des Terrains nur erlaubte, da die Leiste des Schranks zu passieren, war das Devisen-Korps unter der Anführung zweier chinesischer Kaiser vorgerückt, und hatte sich *en quarré plain* formiert. – Diese wackern, sehr bunten und herrlichen Truppen, die aus vielen Gärtnern, Tirolern, Tungusen, Friseurs, Harlekins, Kupidos, Löwen, Tigern, Meerkatzen und Affen bestanden, fochten mit Fassung, Mut und Ausdauer. Mit spartanischer Tapferkeit hätte dies Bataillon von Eliten dem Feinde den Sieg entrissen, wenn nicht ein verwegener feindlicher Rittmeister tollkühn vordringend einem der chinesischen Kaiser den Kopf abgebissen und dieser im Fallen zwei Tungusen und eine Meerkatze erschlagen hätte. Dadurch entstand eine Lücke, durch die der Feind eindrang und bald war das ganze Bataillon zerbissen. Doch wenig Vorteil hatte der Feind von dieser Untat. Sowie ein Mäusekavallerist mordlustig einen der tapfern Gegner mittendurch zerbiß, bekam er einen kleinen gedruckten Zettel in den Hals, wovon er augenblicklich starb. – Half dies aber wohl auch der Nußknackerischen Armee, die, einmal rückgängig geworden, immer rückgängiger wurde und immer mehr Leute verlor, so daß der unglückliche Nußknacker nur mit einem gar kleinen Häufchen dicht vor dem Glasschranke hielt? »Die Reserve soll heran! – Pantalon – Skaramuz, Tambour – wo seid ihr?« – So schrie Nußknacker, der noch auf neue Truppen hoffte, die sich aus dem Glasschrank entwickeln sollten. Es kamen auch wirklich einige braune Männer und Frauen aus Thorn mit goldnen Gesichtern, Hüten und Helmen heran, die fochten aber so ungeschickt um sich herum, daß sie keinen der Feinde trafen und bald ihrem Feldherrn Nußknacker selbst die Mütze vom Kopfe heruntergefochten hätten. Die feindlichen Chasseurs bissen ihnen auch bald die Beine ab, so daß sie umstülpten und noch dazu einige von Nußknackers Waffenbrüdern erschlugen. Nun war Nußknacker vom Feinde dicht umringt, in der höchsten Angst und Not. Er wollte über die Leiste des Schranks springen, aber die Beine waren zu kurz, Clärchen und Trutchen lagen in Ohnmacht, sie konnten ihm nicht helfen – Husaren – Dragoner sprangen lustig bei ihm vorbei und hinein, da schrie er auf in heller Verzweiflung: »Ein Pferd – ein Pferd – ein Königreich für ein Pferd!« – In dem Augenblick packten ihn zwei feindliche Tirailleurs bei dem hölzernen Mantel und im Triumph aus sieben Kehlen aufquiekend, sprengte Mausekönig heran. Marie wußte sich nicht mehr zu fassen, »o mein armer Nußknacker – mein armer Nußknacker!« so rief sie schluchzend, faßte, ohne sich deutlich ihres Tuns bewußt zu sein, nach ihrem linken Schuh, und warf ihn mit Gewalt in den dicksten Haufen der Mäuse hinein auf ihren König. In dem Augenblick schien alles verstoben und verflogen, aber Marie empfand am linken Arm einen noch stechendem Schmerz als vorher und sank ohnmächtig zur Erde nieder.

Die Krankheit

Als Marie wie aus tiefem Todesschlaf erwachte, lag sie in ihrem Bettchen und die Sonne schien hell und funkelnd durch die mit Eis belegten Fenster in das Zimmer hinein. Dicht neben ihr saß ein fremder Mann, den sie aber bald für den Chirurgus Wendelstern erkannte. Der sprach leise: »Nun ist sie aufgewacht!« Da kam die Mutter herbei und sah sie mit recht ängstlich forschenden Blicken an. »Ach, liebe Mutter«, lispelte die kleine Marie: »sind denn nun die häßlichen Mäuse alle fort, und ist denn der gute Nußknacker gerettet?« »Sprich nicht solch albernes Zeug, liebe Marie«, erwiderte die Mutter, »was haben die Mäuse mit dem Nußknacker zu tun. Aber du böses Kind, hast uns allen recht viel Angst und Sorge gemacht. Das kommt davon her, wenn die Kinder eigenwillig sind und den Eltern nicht folgen. Du spieltest gestern bis in die tiefe Nacht hinein mit deinen Puppen. Du wurdest schläfrig, und mag es sein, daß ein hervorspringendes Mäuschen, deren es doch sonst hier nicht gibt, dich erschreckt hat; genug, du stießest mit dem Arm eine Glasscheibe des Schranks ein und schnittest dich so sehr in den Arm, daß Herr Wendelstern, der dir eben die noch in den Wunden stekkenden Glasscherbchen herausgenommen hat, meint, du hättest, zerschnitt das Glas eine Ader, einen steifen Arm behalten, oder dich gar verbluten können. Gott sei gedankt, daß ich, um Mitternacht erwachend, und dich noch so spät vermissend, aufstand, und in die Wohnstube ging. Da lagst du dicht neben dem Glasschrank ohnmächtig auf der Erde und blutetest sehr. Bald wär ich vor Schreck auch ohnmächtig geworden. Da lagst du nun, und um dich her zerstreut erblickte ich viele von Fritzens bleiernen Soldaten und andere Puppen, zerbrochene Devisen, Pfefferkuchmänner; Nußknacker lag aber auf deinem blutenden Arme und nicht weit von dir dein linker Schuh.« »Ach Mütterchen, Mütterchen«, fiel Marie ein: »sehen Sie wohl, das waren ja noch die Spuren von der großen Schlacht zwischen den Puppen und Mäusen, und nur darüber bin ich so sehr erschrocken, als die Mäuse den armen Nußknacker, der die Puppenarmee kommandierte, gefangennehmen wollten. Da warf ich meinen Schuh unter die Mäuse und dann weiß ich weiter nicht, was vorgegangen.« Der Chirurgus Wendelstern winkte der Mutter mit den Augen und diese sprach sehr sanft zu Marien: »Laß es nur gut sein, mein liebes Kind! – beruhige dich, die Mäuse sind alle fort und Nußknackerchen steht gesund und lustig im Glasschrank.« Nun trat der Medizinalrat ins Zimmer und sprach lange mit dem Chirurgus Wendelstern; dann fühlte er Mariens Puls und sie hörte wohl, daß von einem Wundfieber die Rede war. Sie mußte im Bette bleiben und Arzenei nehmen und so dauerte es einige Tage, wiewohl sie außer einigem Schmerz am Arm sich eben nicht krank und unbehaglich fühlte. Sie wußte, daß Nußknakkerchen gesund aus der Schlacht sich gerettet hatte, und es kam ihr manchmal wie im Traume vor, daß er ganz vernehmlich, wiewohl mit sehr wehmütiger Stimme sprach: »Marie, teuerste Dame, Ihnen verdanke ich viel, doch noch mehr können Sie für mich tun!« Marie dachte vergebens darüber nach, was das wohl sein könnte, es fiel ihr durchaus nicht ein. – Spielen konnte Marie gar nicht recht, wegen des wunden Arms, und wollte sie lesen, oder in den Bilderbüchern blättern, so flimmerte es ihr seltsam vor den Augen, und sie mußte davon ablassen. So mußte ihr nun wohl die Zeit recht herzlich lang werden, und sie konnte kaum die Dämmerung erwarten, weil dann die Mutter sich an ihr Bett setzte, und ihr sehr viel Schönes vorlas und erzählte. Eben hatte die Mutter die vorzügliche Geschichte vom Prinzen Fakardin vollendet, als die Türe aufging, und der Pate Droßelmeier mit den Worten hineintrat: »Nun muß ich doch wirklich einmal selbst sehen, wie es mit der kranken und wunden Marie zusteht.« Sowie Marie den Paten Droßelmeier in seinem gelben Röckchen erblickte, kam ihr das Bild jener Nacht, als Nußknakker die Schlacht wider die Mäuse verlor, gar lebendig vor Augen, und unwillkürlich rief sie laut dem Obergerichtsrat entgegen: »O Pate Droßelmeier, du bist recht häßlich gewesen, ich habe dich wohl gesehen, wie du auf der Uhr saßest, und sie mit deinen Flügeln bedecktest, daß sie nicht laut schlagen sollte, weil sonst die Mäuse verscheucht worden wären – ich habe es wohl gehört, wie du dem Mausekönig riefest! – warum kamst du dem Nußknacker, warum kamst du mir nicht zu Hülfe, du häßlicher Pate Droßelmeier, bist du denn nicht allein schuld, daß ich verwundet und krank im Bette liegen muß?« – Die Mutter fragte ganz erschrocken: »Was ist dir denn, liebe Marie?« Aber der Pate Droßelmeier schnitt sehr seltsame Gesichter, und sprach mit schnarrender, eintöniger Stimme: »Perpendikel mußte schnurren – picken – wollte sich nicht schicken – Uhren – Uhren – Uhrenperpendikel müssen schnurren – leise schnurren – schlagen Glocken laut kling klang – Hink und Honk, und Honk und Hank – Puppenmädel sei nicht bang! – schlagen Glöcklein, ist geschlagen, Mausekönig fortzujagen, kommt die Eul im schnellen Flug – Pak und Pik, und Pik und Puk – Glöcklein bim bim – Uhren – schnurr schnurr – Perpendikel müssen schnurren – pikken wollte sich nicht schicken – Schnarr und schnurr, und pirr und purr!« – Marie sah den Paten Droßelmeier starr mit großen Augen an, weil er ganz anders, und noch viel häßlicher aussah, als sonst, und mit dem rechten Arm hin und her schlug, als würd er gleich einer Drahtpuppe gezogen. Es hätte ihr ordentlich grauen können vor dem Paten, wenn die Mutter nicht zugegen gewesen wäre, und wenn nicht endlich Fritz, der sich unterdessen hineingeschlichen, ihn mit lautem Gelächter unterbrochen hätte. »Ei, Pate Droßelmeier«, rief Fritz, »du bist heute wieder auch gar zu possierlich, du gebärdest dich ja wie mein Hampelmann, den ich längst hinter den Ofen geworfen.« Die Mutter blieb sehr ernsthaft, und sprach: »Lieber Herr Obergerichtsrat, das ist ja ein recht seltsamer Spaß, was meinen Sie denn eigentlich?« »Mein Himmel!« erwiderte Droßelmeier lachend, »kennen Sie denn nicht mehr mein hübsches Uhrmacherliedchen? Das pfleg ich immer zu singen bei solchen Patienten wie Marie.« Damit setzte er sich schnell dicht an Mariens Bette, und sprach: »Sei nur nicht böse, daß ich nicht gleich dem Mausekönig alle vierzehn Augen ausgehackt, aber es konnte nicht sein, ich will dir auch statt dessen eine rechte Freude machen.« Der Obergerichtsrat langte mit diesen Worten in die Tasche, und was er nun leise, leise hervorzog, war – der Nußknacker, dem er sehr geschickt die verlornen Zähnchen fest eingesetzt, und den lahmen Kinnbacken eingerenkt hatte. Marie jauchzte laut auf vor Freude, aber die Mutter sagte lächelnd: »Siehst du nun wohl, wie gut es Pate Droßelmeier mit deinem Nußknacker meint?« »Du mußt es aber doch eingestehen, Marie«, unterbrach der Obergerichtsrat die Medizinalrätin, »du mußt es aber doch eingestehen, daß Nußknacker nicht eben zum besten gewachsen, und sein Gesicht nicht eben schön zu nennen ist. Wie sotane Häßlichkeit in seine Familie gekommen und vererbt worden ist, das will ich dir wohl erzählen, wenn du es anhören willst. Oder weißt du vielleicht schon die Geschichte von der Prinzessin Pirlipat, der Hexe Mauserinks und dem künstlichen Uhrmacher?« »Hör mal«, fiel hier Fritz unversehens ein, »hör mal, Pate Droßelmeier, die Zähne hast du dem Nußknacker richtig eingesetzt, und der Kinnbacken ist auch nicht mehr so wackelig, aber warum fehlt ihm das Schwert, warum hast du ihm kein Schwert umgehängt?« »Ei«, erwiderte der Obergerichtsrat ganz unwillig, »du mußt an allem mäkeln und tadeln, Junge! – Was geht mich Nußknackers Schwert an, ich habe ihn am Leibe kuriert, mag er sich nun selbst ein Schwert schaffen, wie er will.« »Das ist wahr«, rief Fritz, »ist's ein tüchtiger Kerl, so wird er schon Waffen zu finden wissen.« »Also Marie«, fuhr der Obergerichtsrat fort, »sage mir, ob du die Geschichte weißt von der Prinzessin Pirlipat?« »Ach nein«, erwiderte Marie, »erzähle, lieber Pate Droßelmeier, erzähle!«

Hans Christian Andersen

Die Schneekönigin

(In sieben Geschichten)

Erste Geschichte,

welche von dem Spiegel und den Scherben handelt

Seht, nun fangen wir an. Wenn wir am Ende der Geschichte sind, wissen wir mehr als jetzt, denn es war ein böser Zauberer, einer der allerärgsten, es war der Teufel! Eines Tages war er recht bei Laune, denn er hatte einen Spiegel gemacht, welcher die Eigenschaft besaß, dass alles Gute und Schöne, was sich darin spiegelte, fast zu nichts zusammenschwand, aber das, was nichts taugte und sich schlecht ausnahm, das trat hervor und wurde noch ärger. Die herrlichsten Landschaften sahen wie gekochter Spinat darin aus und die besten Menschen wurden darin widerlich oder standen auf dem Kopfe ohne Rumpf, ihre Gesichter wurden so verdreht, dass sie nicht zu erkennen waren, und hatte man einen Sonnenfleck, so konnte man versichert sein, dass er sich über Mund und Nase ausbreitete. Das sei äußerst belustigend, sagte der Teufel. Fuhr nun ein guter, frommer Gedanke durch einen Menschen, dann zeigte sich ein Grinsen im Spiegel, so dass der Zauberteufel über seine künstliche Erfindung lachen musste. Alle, die seine Zauberschule besuchten, denn er hielt Zauberschule, erzählten ringsumher, dass ein Wunder geschehen sei; nun könne man erst sehen, meinten sie, wie die Welt und die Menschen wirklich aussehen. Sie liefen mit dem Spiegel umher, und zuletzt gab es kein Land oder keinen Menschen, welcher nicht verdreht darin gewesen wäre. Nun wollten sie auch zum Himmel selbst auffliegen, um sich über die Engel und den lieben Gott lustig zu machen. Je höher sie mit dem Spiegel flogen, umso mehr grinste er, sie konnten ihn kaum festhalten; sie flogen höher und höher, Gott und den Engeln näher; da erzitterte der Spiegel so fürchterlich in seinem Grinsen, dass er ihren

Händen entflog und zur Erde stürzte, wo er in hundert Millionen Stücke zersprang. Da gerade verursachte er weit größeres Unglück als zuvor, denn einige Stücke waren so groß als ein Sandkorn, und diese flogen ringsherum in der weiten Welt und wo sie Leute in das Auge bekamen, da blieben sie sitzen, und da sahen die Menschen alles verkehrt oder hatten nur Augen für das Verkehrte bei einer Sache, denn jede kleine Spiegelscherbe hatte dieselben Kräfte behalten, welche der ganze Spiegel besaß. Einige Menschen bekamen sogar eine kleine Spiegelscherbe in das Herz, und dann war es ganz greulich; das Herz wurde einem Klumpen Eise gleich. Einige Spiegelscherben waren so groß, dass sie zu Fensterscheiben gebraucht wurden, aber durch diese Scheiben taugte es nichts, seine Freunde zu betrachten. Andere Stücke kamen in Brillen, und dann ging es schlecht, wenn die Leute diese Brillen aufsetzten, um recht zu sehen und gerecht zu sein. Der Böse lachte, dass ihm beinahe der Bauch platzte, und das kitzelte ihn angenehm. Aber draußen flogen noch kleine Glasscherben in der Luft umher. Nun werden wir's hören.

Zweite Geschichte

Ein kleiner Knabe und ein kleines Mädchen

Drinnen in der großen Stadt, wo so viele Menschen und Häuser sind, so dass dort nicht Platz genug ist, dass alle Leute einen kleinen Garten besitzen können, und wo sich deshalb die meisten mit Blumen in Blumentöpfen begnügen müssen, da waren doch zwei arme Kinder, die einen etwas größeren Garten als einen Blumentopf besaßen. Sie waren nicht Bruder und Schwester, aber sie waren sich so gut, als wenn sie es gewesen wären. Die Eltern wohnten einander gerade gegenüber; sie wohnten in zwei Dachkammern, da, wo das Dach des einen Nachbarhauses gegen das andere stieß und die Wasserrinne zwischen den Dächern entlanglief. Hier war in jedem Hause ein kleines Fenster; man brauchte nur über die Rinne zu schreiten, so konnte man von dem einen Fenster zum andern gelangen.

Die Eltern hatten draußen jedes einen großen Holzkasten, drin wuchsen Küchenkräuter, die sie brauchten, und ein kleiner Rosenstock; es stand einer in jedem Kasten, und sie wuchsen herrlich. Nun fiel es den Eltern ein, die Kasten quer über die Rinne zu stellen, so dass sie fast von dem einen bis zum andern Fenster reichten und zwei Blumenwällen ganz ähnlich sahen. Erbsenranken hingen über die Kasten hinunter und die Rosenstöcke schossen lange Zweige, die sich um die Fenster rankten und sich einander entgegenbogen, es war fast einer Ehrenpforte von Blättern und Blumen gleich. Da die Kasten sehr hoch waren und die Kinder wussten, dass sie nicht hinaufkriechen durften, so erhielten sie oft die Erlaubnis, zueinander hinauszusteigen, auf ihren kleinen Schemeln unter den Rosen zu sitzen, und da spielten sie dann prächtig.

Im Winter hatte dies Vergnügen ein Ende. Die Fenster waren oft ganz zugefroren. Aber dann wärmten die Kinder Kupferdreier auf dem Ofen, legten den warmen Dreier gegen die gefrorene Scheibe, und dann entstand da ein rundes, schönes Guckloch; dahinter blitzte ein lieblich mildes Auge, eins von jedem Fenster; das war der kleine Knabe und das kleine Mädchen. Er hieß Karl und sie hieß Gretchen. Im Sommer konnten sie mit einem Sprunge zueinander gelangen, im Winter mussten sie erst die vielen Treppen hinunter- und die andern Treppen hinaufsteigen; draußen trieb der Schnee.

»Das sind die weißen Bienen, die schwärmen!«, sagte die alte Großmutter.

»Haben sie auch eine Bienenkönigin?«, fragte der kleine Knabe, denn er wusste, dass unter den wirklichen Bienen eine solche ist.

»Die haben sie!«, sagte die Großmutter. »Sie fliegt dort, wo sie am dichtesten schwärmen, sie ist die größte von allen und nie ist sie stille auf Erden, sie fliegt wieder in die schwarze Wolke hinauf. Manche Winternacht fliegt sie durch die Straßen der Stadt und blickt zu den Fenstern hinein, und dann gefrieren diese sonderbar, gleich wie mit Blumen.«

»Ja, das habe ich gesehen!«, sagten beide Kinder und nun wussten sie, dass es wahr sei.

»Kann die Schneekönigin hier hereinkommen?«, fragte das kleine Mädchen.

»Lass sie nur kommen«, sagte der Knabe, »dann setze ich sie auf den warmen Ofen, und dann schmilzt sie.«

Aber die Großmutter glättete sein Haar und erzählte andere Geschichten.

Am Abend, als der kleine Karl zu Hause und halb entkleidet war, kletterte er auf den Stuhl am Fenster und guckte aus dem kleinen Loche. Ein paar Schneeflocken fielen draußen und eine derselben, die allergrößte, blieb auf dem Rande des einen Blumenkasten liegen; sie wuchs mehr und mehr und wurde zuletzt ein ganzes Frauenzimmer, in den feinsten, weißen Flor gekleidet, der wie von Millionen sternartiger Flocken zusammengesetzt war. Sie war schön und fein, aber von Eis, dem blendenden, blinkenden Eise, und doch war sie lebend; die Augen blitzten wie zwei klare Sterne, aber es war keine Ruhe noch Rast in ihnen. Sie nickte dem Fenster zu und winkte mit der Hand. Der kleine Knabe erschrak und sprang vom Stuhle hernieder, da war es, als ob draußen vor dem Fenster ein großer Vogel vorbeiflöge.

Am nächsten Tage wurde es klarer Frost – und dann kam das Frühjahr, die Sonne schien, das Grün keimte hervor, Schwalben bauten Nester, die Fenster wurden geöffnet, und die kleinen Kinder saßen wieder in ihrem kleinen Garten hoch oben in der Dachrinne über allen Stockwerken.

Die Rosen blühten diesmal prachtvoll. Das kleine Mädchen hatte in diesem Sommer ein Lied gelernt, in welchem auch von Rosen die Rede war, und bei den Rosen dachte sie an ihre eigenen, und sie sang es dem kleinen Knaben vor, und er sang mit:

»Die Rosen, sie blühen und verwehen,
Wir werden das Christkind wieder sehen!«

Und die Kleinen hielten einander bei den Händen, küssten die Rosen und blickten in Gottes klaren Sonnenschein hinein und sprachen zu demselben, als ob das Jesuskind da wäre. Was waren das für herrliche Sommertage, wie schön war es draußen, bei den frischen Rosenstöcken, welche mit dem Blühen nie aufhören wollten!

Karl und Gretchen saßen und blickten in das Bilderbuch mit Tieren und Vögeln, da war es – die Uhr schlug gerade fünf auf dem großen Kirchturme –, dass Karl sagte: »Au, es stach mir in das Herz! Und nun flog mir etwas in das Auge!«

Das kleine Mädchen nahm ihn um den Hals, er blinzelte mit den Augen, aber es war gar nichts zu sehen.

»Ich glaube, es ist fort!«, sagte er; aber weg war es nicht. Es war eins von den Glaskörnern, welches vom Spiegel gesprungen war, dem Zauberspiegel, wir entsinnen uns seiner wohl, das hässliche Glas, welches alles Große und Gute, was sich darin abspiegelte, klein und hässlich machte, aber das Böse und Schlechte trat ordentlich hervor, und jeder Fehler an einer Sache war gleich zu bemerken. Der arme Karl hatte auch ein Korn gerade in das Herz hinein bekommen. Das wird nun bald wie ein Eisklumpen werden. Nun tat es nicht mehr wehe, aber es war da.

»Weshalb weinst du?«, fragte er. »So siehst du hässlich aus! Mir fehlt ja nichts! Pfui!«, rief er auf einmal, »die Rose dort hat einen Wurmstich! und sieh, diese da ist ja ganz schief! Im Grunde sind es hässliche Rosen! sie gleichen dem Kasten, in welchem sie stehen!«, und dann stieß er mit dem Fuße gegen den Kasten und riss die beiden Rosen ab.

»Karl, was machst du?«, rief das kleine Mädchen; und als er ihren Schreck gewahr wurde, riss er noch eine Rose ab und lief dann in sein Fenster hinein von dem kleinen, lieblichen Gretchen fort.

Wenn sie später mit dem Bilderbuche kam, dann sagte er, dass das für Säuglinge sei, und erzählte die Großmutter Geschichten, so kam er immer mit einem Aber; ja, konnte er dazu gelangen, dann ging er hinter ihr her, setzte eine Brille auf und sprach eben so wie sie; das machte er ganz treffend, und dann lachten die Leute über ihn. Bald konnte er allen Menschen in der ganzen Straße nachsprechen und nachgehen. Alles, was ihnen eigen und unschön war, das wusste Karl nachzumachen, und dann sagten die Leute: »Das ist sicher ein ausgezeichneter Kopf, den der Knabe hat!« Aber das war das Glas, was ihm in das Auge gekommen, das Glas, welches ihm in dem Herzen saß; daher kam es, dass er selbst das kleine Gretchen neckte, die ihm von ganzem Herzen gut war.

Seine Spiele wurden nun ganz anders als früher, sie wurden ganz verständig! An einem Wintertage, als es schneite, kam er mit einem großen Brennglase, hielt seinen blauen Rockzipfel hinaus und ließ die Schneeflocken darauf fallen.

»Sieh nun in das Glas, Gretchen!«, sagte er, und jede Schneeflocke wurde viel größer und sah aus wie eine prächtige Blume oder ein zehneckiger Stern; es war schön anzusehen. »Siehst du, wie künstlich!«, sagte Karl. »Das ist weit hübscher als die wirklichen Blumen, und es ist kein einziger Fehler daran, sie sind ganz regelmäßig, wenn sie nur nicht schmelzen würden!«

Bald darauf kam Karl mit großen Handschuhen und seinem Schlitten auf dem Rücken und rief Gretchen in die Ohren: »Ich habe Erlaubnis erhalten, auf den großen Platz zu fahren, wo die andern Knaben spielen!«, und weg war er.

Dort auf dem Platze banden oft die kecksten Knaben ihre Schlitten an die Wagen der Landleute fest und dann fuhren sie ein gutes Stück Weges mit. Das ging prächtig. Als sie im besten Spielen waren, da kam ein großer Schlitten, der war ganz weiß angestrichen, und darin saß jemand in einen rauen, weißen Pelz gehüllt und mit einer weißen, rauen Mütze. Der Schlitten fuhr zweimal herum um den Platz, und Karl band seinen kleinen Schlitten schnell daran fest und nun fuhr er mit. Es ging rascher und rascher, gerade hinein in die nächste Straße; der, welcher fuhr, wendete das Haupt und nickte freundlich zu, es war gerade, als ob sie einander kannten. Jedes Mal, wenn Karl seinen kleinen Schlitten ablösen wollte, nickte die Person wieder, und dann blieb Karl sitzen. Sie fuhren endlich zum Stadttor hinaus, da begann der Schnee so stark herniederzufallen, dass der kleine Knabe keine Hand vor sich erblicken konnte, aber er fuhr davon. Da ließ er schnell die Schnur fallen, um von dem großen Schlitten loszukommen, aber das half nichts, sein kleines Fahrzeug hing fest, und es ging mit Windeseile. Da rief er ganz laut, aber niemand hörte ihn, der Schnee trieb und der Schlitten flog von dannen; mitunter gab es einen Sprung, es war, als führe er über Gräben und Hecken. Er war ganz erschrocken, er wollte sein Vaterunser beten, aber er konnte sich nur des großen Einmaleins entsinnen.

Die Schneeflocken wurden größer und größer, zuletzt sahen sie aus wie große, weiße Hühner; auf einmal sprangen sie zur Seite, der große Schlitten hielt, und die Person, die ihn fuhr, erhob sich. Pelz und Mütze waren ganz und gar von Schnee, es war eine Dame, hoch und schlank, glänzend weiß, es war die Schneekönigin.

»Wir sind gut gefahren!«, sagte sie, »aber wer wird frieren! Krieche in meinen Bärenpelz!«, und sie setzte ihn neben sich in den Schlitten, schlug den Pelz um ihn und es war, als versinke er in einem Schneetreiben.

»Friert dich noch?«, fragte sie und dann küsste sie ihn auf die Stirn. O! das war kälter als Eis, das ging ihm gerade hinein bis an sein Herz, welches ja doch zur Hälfte ein Eisklumpen war. Es war, als sollte er sterben, aber nur einen Augenblick, dann tat es ihm gerade recht wohl; er spürte nichts mehr von der Kälte ringsumher.

»Meinen Schlitten! vergiss nicht meinen Schlitten!«, daran dachte er zuerst, und der wurde an eines der weißen Hühner festgebunden, und dieses flog hinterher mit dem Schlitten auf dem Rücken. Die Schneekönigin küsste Karl nochmals und dann hatte er das kleine Gretchen, die Großmutter und alle daheim vergessen.

»Nun bekommst du keine Küsse mehr«, sagte sie, »denn sonst küsse ich dich tot!«

Karl sah sie an, sie war sehr schön, ein klügeres, lieblicheres Antlitz konnte er sich nicht denken. Sie erschien ihm nun nicht von Eis, wie damals, als sie draußen vor dem Fenster saß und ihm winkte; in seinen Augen war sie vollkommen, er fühlte gar keine Furcht; er erzählte ihr, dass er im Kopfe rechnen könnte, und zwar mit Brüchen, er wisse die Größe des Landes und die Einwohnerzahl, und sie lächelte immer. Das kam ihm vor, als wäre es noch nicht genug, was er wisse, und er blickte hinauf in den großen, großen Luftraum und sie flog mit ihm, flog hoch hinauf in die schwarze Wolke, und der Sturm sauste und brauste, es war, als sänge er alte Lieder. Sie flogen über Wälder und Seen, über Meere und Länder; unter ihnen sauste der kalte Wind, die Wölfe heulten, der Schnee funkelte, über demselben flogen die schwarzen, schreienden Krähen dahin, aber hoch oben schien der Mond groß und klar, und den betrachtete Karl die lange, lange Winternacht; am Tage schlief er zu den Füßen der Schneekönigin.

Dritte Geschichte

Der Blumengarten bei der Frau, welche zaubern konnte

Aber wie erging es dem kleinen Gretchen, als Karl nicht zurückkehrte? Wo war er doch geblieben? – Niemand wusste es, niemand konnte Bescheid geben. Die Knaben erzählten nur, dass sie ihn seinen Schlitten an einen prächtig großen haben binden sehen, der in die Straße hinein- und aus dem Stadttore gefahren sei, niemand wusste, wo er war, viele Tränen flossen, das kleine Gretchen weinte viel und lange; dann sagten sie, er sei tot, er sei im Flusse versunken, der nahe bei der Stadt vorbeifloss. O, das waren recht lange, finstere Wintertage.

Nun kam der Frühling mit warmem Sonnenschein.

»Karl ist tot!«, sagte das kleine Gretchen.

»Das glaube ich nicht!«, sagte der Sonnenschein.

»Er ist tot!«, sagte sie zu den Schwalben.

»Das glauben wir nicht!«, erwiderten diese, und am Ende glaubte das kleine Gretchen es auch nicht.

»Ich will meine neuen, roten Schuhe anziehen«, sagte sie eines Morgens, »die, welche Karl noch nie gesehen hat, und dann will ich zum Flusse hinuntergehen und diesen nach ihm fragen!«

Es war noch ganz früh, sie küsste die alte Großmutter, welche noch schlief, zog die roten Schuhe an und ging ganz allein aus dem Stadttore nach dem Flusse.

»Ist es wahr, dass du meinen kleinen Spielkameraden genommen hast? Ich will dir meine roten Schuhe geben, wenn du mir ihn wiedergeben willst!«

Und es war, als nickten die Wogen sonderbar; da nahm sie ihre roten Schuhe, das, was sie am liebsten hatte, und warf sie beide in den Fluss hinaus, aber sie fielen dicht an das Ufer und die kleinen Wellen trugen sie ihr wieder an das Land. Es war, als wollte der Fluss das Liebste, was sie hatte, nicht nehmen, weil er den kleinen Karl ja nicht hatte. Gretchen aber glaubte nun, dass sie die Schuhe nicht weit genug hinausgeworfen habe, und so kroch sie in ein Boot, welches im Schilfe lag, ging ganz an das Ende desselben und warf die Schuhe von da aus in das Wasser. Aber das Boot war nicht festgebunden und bei der Bewegung, welche sie verursachte, glitt es vom Lande ab; sie bemerkte es und beeilte sich fortzukommen, aber ehe sie zurückkam, war das Boot über eine Elle vom Lande, und nun trieb es schneller von dannen.

Da wurde das kleine Gretchen ganz erschrocken und fing an zu weinen; aber niemand außer den Sperlingen hörte sie, und die konnten sie nicht an das Land tragen, aber sie flogen längs dem Ufer und sangen gleichsam, um sie zu trösten: »Hier sind wir, hier sind wir!« Das Boot trieb mit dem Strome; das kleine Gretchen saß ganz still in den bloßen Strümpfen; ihre kleinen, roten Schuhe trieben hinterher, aber sie konnten das Boot nicht erreichen, das hatte stärkere Fahrt.

Hübsch war es an beiden Ufern, schöne Blumen, alte Bäume und Abhänge mit Schafen und Kühen, aber nicht ein Mensch war zu erblicken.

»Vielleicht trägt mich der Fluss zu dem kleinen Karl hin!«, dachte Gretchen und da wurde sie heiter, erhob sich und betrachtete viele Stunden die schönen, grünen Ufer; dann gelangte sie zu einem großen Kirschengarten, worin ein kleines Haus mit sonderbar roten und blauen Fenstern war, übrigens hatte es ein Strohdach und draußen standen zwei hölzerne Soldaten, die vor den Vorbeisegelnden das Gewehr schulterten.

Gretchen rief nach ihnen; sie glaubte, dass sie lebend seien, aber sie antworteten natürlich nicht; sie kam ihnen ganz nahe, der Fluss trieb das Boot gerade auf das Land zu.

Gretchen rief noch lauter, und da kam eine alte, alte Frau aus dem Hause, die sich auf einen Krückenstock stützte; sie hatte einen großen Sonnenhut auf, und der war mit den schönsten Blumen bemalt.

»Du kleines, armes Kind!«, sagte die alte Frau. »Wie bist du doch auf den großen, reißenden Strom gekommen und weit in die Welt hinausgetrieben?« Und dann ging die alte Frau an das Wasser, erfasste mit ihrem Krückstock das Boot, zog es an das Land und hob das kleine Gretchen heraus.

Diese war froh, wieder auf das Trockene zu gelangen, obgleich sie sich vor der alten Frau ein wenig fürchtete.

»Komm doch und erzähle mir, wer du bist, und wie du hierherkommst?«, sagte sie.

Gretchen erzählte ihr alles; und die Alte schüttelte mit dem Kopfe und sagte: »Hm! hm!«, und als ihr Gretchen alles gesagt und gefragt hatte, ob sie nicht den kleinen Karl gesehen habe, sagte die Frau, dass er nicht vorbeigekommen sei, aber er komme wohl noch, sie solle nur nicht betrübt sein, sondern die Kirschen kosten, ihre Blumen betrachten, die seien schöner als irgendein Bilderbuch, eine jede könne eine Geschichte erzählen. Da nahm sie Gretchen bei der Hand, sie gingen in das kleine Haus hinein, und die alte Frau schloss die Türe zu.

Die Fenster lagen sehr hoch und die Scheiben waren rot, blau und gelb und das Tageslicht schien ganz sonderbar herein; aber auf dem Tische standen die schönsten Kirschen, und Gretchen aß davon, so viel sie wollte, denn das war ihr erlaubt. Während sie speiste, kämmte die alte Frau ihr Haar mit einem goldenen Kamme, und das Haar ringelte sich und glänzte herrlich gelb rings um das kleine, freundliche Antlitz, welches rund war und wie eine Rose aussah.

»Nach einem so lieben kleinen Mädchen habe ich mich schon lange gesehnt!«, sagte die Alte. »Nun wirst du sehen, wie gut wir miteinander leben werden!« Und so wie sie dem kleinen Gretchen das Haar kämmte, vergaß diese mehr und mehr ihren Kameraden Karl, denn die alte Frau konnte zaubern, aber eine böse Zauberin war sie nicht. Sie zauberte nur ein bisschen zu ihrem eigenen Vergnügen und wollte gern das kleine Gretchen behalten. Deshalb ging sie hinaus in den Garten, streckte ihren Krückstock gegen alle Rosensträuche aus, und wie schön sie auch blühten, so sanken sie alle in die schwarze Erde hinunter, und man konnte nicht sehen, wo sie gestanden hatten. Die Alte fürchtete, dass Gretchen, wenn sie die Rosen erblickte, an ihre eigenen denken, sich dann des kleinen Karl erinnern und davonlaufen würde.

Nun führte sie Gretchen in den Blumengarten. Was war da für ein Duft und eine Herrlichkeit! Alle nur denkbaren Blumen, für jede Jahreszeit, standen hier in der prächtigsten Blüte; kein Bilderbuch konnte hübscher und bunter sein. Gretchen sprang vor Freude und spielte, bis die Sonne hinter den hohen Kirschbäumen unterging, dann bekam sie ein schönes Bett mit roten Seidenkissen, die mit Veilchen gestopft waren, und sie schlief und träumte da so herrlich, wie nur eine Königin an ihrem Hochzeitstage.

Am nächsten Tage konnte sie wieder mit den Blumen im warmen Sonnenschein spielen. So verflossen viele Tage. Gretchen kannte jede Blume, aber wie viele es auch waren, wo war es ihr doch, als ob eine fehlte, aber welche, das wusste sie nicht. Da sitzt sie eines Tages und betrachtet den Sonnenhut der alten Frau mit den gemalten Blumen, und gerade die schönste darunter war eine Rose. Die Alte hatte vergessen, diese vom Hute wegzuwischen, als sie die anderen in die Erde verbannte. Aber so ist es, wenn man die Gedanken nicht immer gesammelt hat! »Was!«, sagte Gretchen, »sind hier keine Rosen?«, und sprang zwischen die Beete, suchte und suchte, aber da waren keine zu finden. Da setzte sie sich hin und weinte; aber ihre Tränen fielen gerade auf eine Stelle, wo ein Rosenstrauch versunken war, und als die warmen Tränen die Erde benetzten, schoss der Strauch auf einmal empor, so blühend als er versunken war, und Gretchen umarmte ihn, küsste die Rosen und gedachte der herrlichen Rosen daheim und mit ihnen auch des kleinen Karl.

»O, wie bin ich aufgehalten worden!«, sagte das kleine Mädchen. »Ich wollte ja den kleinen Karl suchen! – Wisst ihr nicht, wo er ist?«, fragte sie die Rosen. »Glaubt ihr, er sei tot?«

»Tot ist er nicht«, sagten die Rosen. »Wir sind ja in der Erde gewesen, dort sind ja alle die Toten, aber Karl war nicht da!«

»Ich danke euch!«, sagte das kleine Gretchen, und sie ging zu den andern Blumen hin, sah in deren Kelch hinein und fragte: »Wisst ihr nicht, wo der kleine Karl ist?«

Aber jede Blume stand in der Sonne und träumte ihr eigenes Märchen oder Geschichtchen, davon hörte Gretchen viele, viele, aber keine wusste etwas von Karl. […] Und dann lief sie nach dem Ende des Gartens.

Die Tür war verschlossen, aber sie drückte auf die verrostete Klinke, so dass diese los ging; die Tür sprang auf, und da lief das kleine Gretchen mit bloßen Füßen in die weite Welt hinaus. Sie blickte dreimal zurück, aber da war niemand, der sie verfolgte; zuletzt konnte sie nicht mehr gehen und setzte sich auf einen großen Stein, und als sie ringsum sah, war der Sommer vorbei, es war Spätherbst, das konnte man in dem schönen Garten gar nicht bemerken, wo immer Sonnenschein und Blumen aller Jahreszeiten waren.

»Gott, wie habe ich mich verspätet!«, sagte das kleine Gretchen. »Es ist ja Herbst geworden, da darf ich nicht ruhen!«, und sie erhob sich um weiter zu gehen.

O, wie waren die kleinen Füße wund und müde! Rings umher sah es kalt und rau aus; die langen Weidenblätter waren ganz gelb und der Tau tröpfelte als Wasser herab, ein Blatt fiel nach dem andern ab, nur der Schlehendorn trug noch Früchte, die waren herbe und zogen den Mund zusammen. O, wie war es grau und schwer in der weiten Welt!

Vierte Geschichte

Prinz und Prinzessin

Gretchen musste wieder ausruhen. Da hüpfte dort auf dem Schnee, der Stelle, wo sie saß, gerade gegenüber, eine große Krähe, die hatte lange gesessen, sie betrachtet und mit dem Kopfe gewackelt; nun sagte sie: »Kra; kra! – gut' Tag! gut' Tag!« Besser konnte sie es nicht herausbringen, aber sie meinte es gut mit dem kleinen Mädchen und fragte, wohin sie allein in die weite Welt hinausgehe. Das Wort »allein« verstand Gretchen sehr wohl und fühlte recht, wie viel darin lag, und dann erzählte sie der Krähe ihr ganzes Leben und Geschick und fragte, ob sie Karl nicht gesehen habe.

Die Krähe nickte ganz bedächtig und sagte: »Das könnte sein!«

»Wie? Glaubst du?«, rief das kleine Mädchen und hätte fast die Krähe totgedrückt, so küsste sie diese.

»Vernünftig, vernünftig!«, sagte die Krähe. »Ich glaube, ich weiß, – ich glaube, es kann der kleine Karl sein! aber nun hat er dich sicher über der Prinzessin vergessen!«

»Wohnt er bei einer Prinzessin?«, fragte Gretchen.

»Ja, höre!«, sagte die Krähe. »Aber es fällt mir schwer, deine Sprache zu reden. Verstehst du die Krähensprache, dann will ich besser erzählen!«

»Nein, diese habe ich nicht gelernt!«, sagte Gretchen, »aber die Großmutter konnte sie und auch die P-Sprache konnte sie sprechen.* Hätte ich es nur gelernt!«

* Ein Kauderwelsch der Kinder.

»Schadet gar nichts!«, sagte die Krähe. »Ich werde erzählen, so gut ich kann, aber schlecht wird es immer!« Dann erzählte sie, was sie wusste.

»In diesem Königreich, in welchem wir jetzt sitzen, wohnt eine Prinzessin, die ist ganz außerordentlich klug, aber sie hat auch alle Zeitungen, die es in der Welt gibt, gelesen und wieder vergessen, so klug ist sie. Vor kurzem sitzt sie auf dem Throne, und das ist doch nicht angenehm, sagt man, da fängt sie an ein Lied zu singen: ›Weshalb sollte ich mich nicht verheiraten?‹ ›Höre, da ist etwas daran‹, sagte sie, und so wollte sie sich verheiraten, aber sie wollte einen Mann haben, der zu antworten verstand, wenn man mit ihm sprach, einen, der nicht nur stand und vornehm aussah, denn das ist zu langweilig. Nun ließ sie alle Hofdamen zusammentrommeln, und als diese hörten, was sie wollte, wurden sie sehr vergnügt. ›Das mag ich leiden!‹, sagten sie, ›daran dachte ich neulich auch!‹ – du kannst glauben, dass jedes Wort, was ich sage, wahr ist!«, sagte die Krähe. »Ich habe eine zahme Geliebte, die geht frei im Schlosse umher, und die hat mir alles erzählt!«

Die Geliebte war natürlicherweise auch eine Krähe. Denn eine Krähe sucht die andere, und das bleibt immer eine Krähe.

»Die Zeitungen kamen sogleich mit einem Rande von Herzen und der Prinzessin Namenszug heraus. Man konnte darin lesen, dass es jedem jungen Mann, der gut aussah, frei stehe, auf das Schloss zu kommen und mit der Prinzessin zu sprechen, und derjenige, welcher rede, dass man hören könne, er sei dort zu Hause und der am besten spreche, den wolle die Prinzessin zum Mann nehmen! – Ja, ja!« sagte die Krähe, »Du kannst es mir glauben, es ist so gewiss wahr, als ich hier sitze. Die Leute strömten herzu, da war ein Gedränge und ein Laufen, aber es glückte nicht, weder den ersten noch den zweiten Tag. Sie konnten alle gut sprechen, wenn sie draußen auf der Straße waren, aber wenn sie in das Schlosstor traten und sahen die Wachen in Silber und die Treppen hinauf die Diener in Gold und die großen, erleuchteten Säle, dann wurden sie verwirrt; und standen sie vor dem

Throne, wo die Prinzessin saß, dann wussten sie nichts zu sagen als das letzte Wort, was sie gesprochen hatte, und sie kümmerte sich nicht darum, das noch einmal zu hören. Es war gerade, als ob die Leute da drinnen Schnupftabak auf den Magen bekommen hätten und in den Schlaf gefallen wären, bis sie wieder auf die Straße kamen; dann konnten sie wieder sprechen. Da stand eine ganze Reihe vom Stadttor an bis zum Schloss. Ich war selbst drinnen, um es zu sehen!«, sagte die Krähe. »Sie wurden sowohl hungrig wie durstig! Aber auf dem Schloss erhielten sie nicht einmal ein Glas Wasser. Zwar hatten einige der Klügsten Butterbrot mitgenommen, aber sie teilten nicht mit ihrem Nachbar, sie dachten: ›Lass ihn nur hungrig aussehen, dann nimmt die Prinzessin ihn nicht!‹«

»Aber Karl, der kleine Karl?«, fragte Gretchen. »Wann kam der? War er unter der Menge?«

»Warte, warte, nun sind wir gerade bei ihm! Es war am dritten Tag, da kam eine kleine Person, ohne Pferd oder Wagen, ganz fröhlich gerade auf das Schloss marschiert; seine Augen glänzten wie deine, er hatte schöne, lange Haare, aber sonst ärmliche Kleider.«

»Das war Karl!«, jubelte Gretchen. »O, dann habe ich ihn gefunden!«, und dann klatschte sie in die Hände.

»Er hatte ein kleines Ränzel auf dem Rücken!«, sagte die Krähe.

»Nein, das war sicher sein Schlitten«, sagte Gretchen, »denn mit dem Schlitten ging er fort!«

»Das kann wohl sein«, sagte die Krähe, »ich sah nicht so genau danach; aber das weiß ich von meiner zahmen Geliebten, dass, wie er in das Schlosstor kam und die Leibwache in Silber und die Treppe hinauf die Diener in Gold sah, er nicht im mindesten verlegen wurde, nickte und zu ihnen sagte: ›Das muss langweilig sein, auf der Treppe zu stehen, ich gehe lieber hinein!‹ Da glänzten die Säle von Lichtern; Geheimräte und Staatsräte gingen auf bloßen Füßen und trugen Goldgefäße; man konnte wohl bedenklich werden; seine Stiefel knarrten gewaltig laut, aber ihm wurde doch nicht bange!«

»Das ist ganz gewiss Karl!«, sagte Gretchen. »Ich weiß, er hatte neue Stiefel, ich habe sie in der Großmutter Stube knarren hören!«

»Ja, sie knarrten«, sagte die Krähe, »und fröhlich ging er gerade zur Prinzessin hinein, die auf einer großen Perle saß, welche so groß wie ein Spinnrad war. Alle Hofdamen mit ihren Jungfern und den Jungfern der Jungfern und alle Ritter mit ihren Dienern und den Dienern der Diener, die wieder einen Burschen hielten, standen ringsherum aufgestellt; und je näher sie der Tür standen, desto stolzer sahen sie aus. Des Dieners Dieners Burschen, der immer in Pantoffeln geht, darf man kaum anzusehen wagen, so stolz steht er in der Tür.«

»Das muss greulich sein!«, sagte das kleine Gretchen. »Und Karl hat doch die Prinzessin erhalten?«

»Wäre ich nicht Krähe gewesen, so hätte ich sie genommen, und das ungeachtet ich verlobt bin. Er soll ebenso gut gesprochen haben, wie ich spreche, wenn ich die Krähensprache rede, das habe ich von meiner zahmen Geliebten gehört. Er war fröhlich und niedlich; er war gar nicht gekommen zum Freien, sondern nur, um der Prinzessin Klugheit zu hören, und die fand er gut, und sie fand ihn wieder gut.«

»Ja, sicher, das war Karl!«, sagte Gretchen. »Er war so klug, er konnte die Kopfrechnung mit Brüchen! – O, willst du mich nicht auf dem Schlosse einführen?«

»Ja, das ist leicht gesagt!«, sagte die Krähe. »Aber wie machen wir das? Ich werde darüber mit meiner zahmen Geliebten sprechen; sie kann uns wohl Rat erteilen; denn das muss ich dir sagen, so ein kleines Mädchen, wie du bist, bekommt nie Erlaubnis, hineinzukommen!«

»Ja, die erhalte ich!«, sagte Gretchen. »Wenn Karl hört, dass ich da bin, kommt er sogleich heraus und holt mich!«

»Erwarte mich dort am Gitter!«, sagte die Krähe, wackelte mit dem Kopf und flog davon.

Erst als es spät Abend war, kehrte die Krähe zurück. »Rar! rar!«, sagte sie. »Ich soll dich vielmal von ihr grüßen, und hier ist ein kleines Brot für dich, das nahm sie aus der Küche, da ist Brot genug und du bist sicher hungrig! – Es ist nicht möglich, dass du in das Schloss hineinkommst. Du hast ja bloße Füße. Die Wachen in Silber und die Diener in Gold würden es nicht erlauben. Aber weine nicht, du sollst schon hinaufkommen. Meine Geliebte kennt eine kleine Hintertreppe, die zum Schlafgemach führt, und sie weiß, wo sie den Schlüssel erhalten kann.«

Sie gingen in den Garten hinein, in die große Allee, wo das eine Blatt nach dem andern abfiel, und als auf dem Schlosse die Lichter ausgelöscht wurden, das eine nach dem andern, führte die Krähe das kleine Gretchen zu einer Hintertür, die angelehnt stand.

O, wie Gretchens Herz vor Angst und Sehnsucht pochte! Es war ihr, als ob sie etwas Böses tun wollte, und sie wollte ja doch nur wissen, ob der kleine Karl da sei. Ja, er musste hier sein; sie gedachte ganz deutlich seiner klaren Augen, seines langen Haares; sie konnte ihn lächeln sehen, wie damals, als sie daheim unter den Rosen saßen. Er würde sicher froh sein, sie zu erblicken, zu hören, welchen langen Weg sie um seinetwillen zurückgelegt, zu wissen, wie betrübt sie alle daheim gewesen, als er nicht wiedergekommen. O, das war eine Furcht und eine Freude!

Nun waren sie auf der Treppe. Da brannte eine kleine Lampe auf einem Schranke und mitten auf dem Fußboden stand die zahme Krähe und wendete den Kopf nach allen Seiten und betrachtete Gretchen, die sich verneigte, wie die Großmutter sie gelehrt hatte.

»Mein Verlobter hat mir sehr viel Gutes von Ihnen gesagt, mein kleines Fräulein«, sagte die zahme Krähe, »Ihr Lebenslauf ist auch sehr rührend! – Wollen Sie die Lampe nehmen, dann werde ich vorangehen. Wir gehen hier den geraden Weg, denn da begegnen wir niemand!«

»Es ist mir, als käme gerade jemand hinter uns!«, sagte Gretchen, und es sauste an ihr vorbei; es war wie Schatten an der Wand entlang, Pferde mit fliegenden Mähnen und dünnen Beinen, Jägerburschen, Herren und Damen zu Pferde.

»Das sind nur Träume!«, sagte die Krähe, »die kommen und holen der hohen Herrschaft Gedanken zur Jagd ab. Das ist recht gut, dann können Sie sie besser im Bette betrachten. Aber ich hoffe, wenn Sie zu Ehren und Würden gelangen, dass Sie dann ein dankbares Herz zeigen werden.«

»Darüber bedarf es keiner Worte!«, sagte die Krähe vom Wald.

Nun kamen sie in den ersten Saal, der war von rosenrotem Atlas mit künstlichen Blumen an den Wänden hinauf. Hier sausten die Träume schon an ihnen vorüber, aber sie fuhren so schnell, dass Gretchen nicht die hohen Herrschaften zu sehen bekam. Ein Saal war immer prächtiger als der andere, ja man konnte wohl betäubt werden, und nun waren sie im Schlafgemach. Die Decke hier glich einer großen Palme mit Blättern von Glas, kostbarem Glas, und mitten auf dem Fußboden hingen an einem dicken Stängel von Gold zwei Betten, von denen jedes wie eine Lilie aussah. Das eine Bett war weiß, in diesem lag die Prinzessin; das andere war rot und in diesem sollte Gretchen den kleinen Karl suchen. Sie bog eines der roten Blätter zur Seite, und da sah sie einen braunen Nacken. – O, das war Karl! – Sie rief ganz laut seinen Namen, hielt die Lampe gegen ihn hin – die Träume sausten zu Pferde wieder in die Stube herein – er erwachte, wendete das Haupt und – es war nicht der kleine Karl.

Der Prinz glich ihm nur im Nacken, aber jung und hübsch war er. Und aus dem weißen Lilienblatt blinzelte die Prinzessin hervor und fragte, was das sei. Da weinte das kleine Gretchen und erzählte ihre ganze Geschichte und alles, was die Krähen für sie getan hatten.

»Du armes Kind!«, sagten der Prinz und die Prinzessin, belobten die Krähen und sagten, dass sie gar nicht böse auf sie seien, aber sie sollten es doch nicht wieder tun. Übrigens sollten sie eine Belohnung erhalten.

»Wollt ihr frei fliegen?«, fragte die Prinzessin. »Oder wollt ihr feste Anstellung als Hofkrähen haben mit allem, was da in der Küche abfällt?«

Beide Krähen verneigten sich und baten um feste Anstellung, denn sie gedachten des Alters und sagten, es sei schön, etwas für das Alter zu haben.

Der Prinz stand aus seinem Bette auf und ließ Gretchen darin schlafen, mehr konnte er wirklich nicht tun. Sie faltete ihre kleinen Hände und dachte: »Wie gut sind die Menschen und Tiere!«, und dann schloss sie ihre Augen und schlief sanft. Alle Träume kamen wieder hereingeflogen und da sahen sie wie Gottes Engel aus, und sie zogen einen kleinen Schlitten, auf welchem Karl saß und nickte. Aber das Ganze war nur Traum und deshalb war es auch wieder fort, als sie erwachte.

Am nächsten Tage wurde sie vom Kopf bis zum Fuß in Seide und Samt gekleidet; es wurde ihr angeboten auf dem Schloss zu bleiben und gute Tage zu genießen, aber sie bat nur um einen kleinen Wagen mit einem Pferd davor und um ein Paar Schuhe, dann wollte sie wieder in die weite Welt hinausfahren und Karl suchen.

Sie erhielt sowohl Schuhe und Muff, sie wurde niedlich gekleidet, und als sie fortwollte, hielt vor der Tür eine neue Kutsche von reinem Gold; des Prinzen und der Prinzessin Wappen glänzte an derselben wie ein Stern. Kutscher, Diener und Vorreiter, denn da waren auch Vorreiter, saßen mit Goldkronen auf dem Kopfe. Der Prinz und die Prinzessin halfen ihr selbst in den Wagen und wünschten ihr alles Glück. Die Waldkrähe, welche nun verheiratet war, begleitete sie die ersten drei Meilen; sie saß ihr zur Seite, denn sie konnte nicht ertragen rückwärts zu fahren. Die andere Krähe stand in der Tür und schlug mit den Flügeln, sie kam nicht mit, denn sie litt an Kopfschmerzen, seitdem sie feste Anstellung und zu viel zu essen erhalten hatte. Inwendig war die Kutsche mit Zuckerbrezeln gefüttert, und im Sitze waren Früchte und Pfeffernüsse.

»Lebe wohl! Lebe wohl!«, riefen der Prinz und die Prinzessin, das kleine Gretchen weinte und die Krähe weinte auch. – So ging es die ersten Meilen, da sagte auch die Krähe Lebewohl, und das war der schwerste Abschied. Sie flog in einen Baum hinauf und schlug mit ihren schwarzen Flügeln, solange sie den Wagen, welcher wie der klare Sonnenschein glänzte, erblicken konnte.

Fünfte Geschichte

Das kleine Räubermädchen

Sie fuhren durch den dunkeln Wald, aber die Kutsche leuchtete gleich einer Fackel. Das stach den Räubern in die Augen, das konnten sie nicht ertragen.

»Das ist Gold! das ist Gold!«, riefen sie, stürzten hervor, ergriffen die Pferde, schlugen die kleinen Vorreiter, den Kutscher und die Diener tot, und zogen nun das kleine Gretchen aus dem Wagen.

»Sie ist fett, sie ist niedlich, sie ist mit Nusskernen gefüttert!«, sagte das alte Räuberweib, die einen struppigen Bart und Augenbrauen hatte, die ihr über die Augen herabhingen.

»Das ist so gut wie ein kleines, fettes Lamm! Na, wie soll die schmecken!«, und dann zog sie ihr blankes Messer heraus und das glänzte, dass es greulich war.

»Au!«, sagte das Weib zu gleicher Zeit, denn sie wurde von ihrer eigenen Tochter, die auf ihrem Rücken hing, so wild und unartig, dass es eine Lust war, in das Ohr gebissen. »Du hässlicher Balg!«, sagte die Mutter und kam nicht dazu, Gretchen zu schlachten.

»Sie soll mit mir spielen!«, sagte das kleine Räubermädchen.

»Sie soll mir ihren Muff, ihr hübsches Kleid geben, bei mir in meinem Bett schlafen!«, und dabei biss sie wieder, dass das Räuberweib in die Höhe sprang und sich ringsherumdrehte, und alle Räuber lachten und sagten: »Sieh, wie sie mit ihrem Jungen tanzt!«

»Ich will in den Wagen hinein!«, und sie musste und wollte ihren Willen haben, denn sie war verzogen und hartnäckig. Sie und Gretchen saßen darinnen, und so fuhren sie über Stock und Stein tiefer in den Wald hinein. Das kleine Räubermädchen war so groß wie Gretchen, aber stärker, breitschultriger und von dunkler Haut. Die Augen waren ganz schwarz, sie sahen fast traurig aus. Sie nahm das kleine Gretchen um den Leib und sagte: »Sie sollen dich nicht schlachten, solange ich dir nicht böse werde! Du bist wohl eine Prinzessin?«

»Nein!«, sagte Gretchen und erzählte ihr alles, was sie erlebt hatte und wie viel sie vom kleinen Karl hielt.

Das Räubermädchen betrachtete sie ganz ernsthaft, nickte ein wenig mit dem Kopfe und sagte: »Sie sollen dich nicht schlachten, selbst wenn ich dir böse werde, dann werde ich es schon selbst tun!«, und dann trocknete sie Gretchens Augen und steckte ihre beiden Hände in den schönen Muff, der weich und warm war.

Nun hielt die Kutsche still; sie waren mitten auf dem Hofe eines Räuberschlosses, das von oben bis unten auseinandergeborsten war. Raben und Krähen flogen aus den offenen Löchern, und die großen Bullenbeißer, von denen ein jeder aussah, als könne er einen Menschen verschlingen, sprangen hoch empor, aber sie bellten nicht, denn das war verboten.

In dem großen, alten, verräucherten Saale brannte mitten auf dem steinernen Fußboden ein großes Feuer; der Rauch zog unter der Decke hin und musste sich selbst den Ausweg suchen; ein großer Braukessel mit Suppe kochte, und sowohl Hasen als Kaninchen wurden an Spießen gebraten.

»Du sollst diese Nacht mit mir bei allen meinen kleinen Tieren schlafen!«, sagte das Räubermädchen. Sie bekamen zu essen und zu trinken und gingen dann nach einer Ecke, wo Stroh und Teppiche lagen. Oben darüber saßen auf Latten und Stäben mehr als hundert Tauben, die alle zu schlafen schienen, sich aber doch ein wenig drehten, als die beiden kleinen Mädchen kamen.

»Die gehören mir alle!«, sagte das kleine Räubermädchen und ergriff eine der nächsten, hielt sie bei den Füßen und schüttelte sie, dass sie mit den Flügeln schlug. »Küsse sie!«, rief sie und schlug sie ihr ins Gesicht. »Da sitzen die Waldtauben!«, fuhr sie fort und zeigte hinter eine Anzahl Stäbe, die vor einem Loche oben in die Mauer eingeschlagen waren. »Das sind Waldtauben, die beiden, die fliegen gleich fort, wenn man sie nicht ordentlich eingeschlossen hält; und hier steht mein alter, liebster Bä!«, und damit zog sie ein Rentier am Horn, welches einen kupfernen Ring um den Hals trug und gebunden war. »Den müssen wir auch in der Klemme halten, sonst springt er von uns fort. An jedem Abend kitzele ich ihn mit meinem scharfen Messer, davor fürchtet er sich!« Und das kleine Mädchen zog ein langes Messer aus einer Spalte in der Mauer und ließ es über des Rentiers Hals hingleiten. Das arme Tier schlug mit den Beinen aus, aber das kleine Räubermädchen lachte und zog dann Gretchen mit in das Bett hinein.

»Willst du das Messer behalten, wenn du schläfst?«, fragte Gretchen und blickte etwas furchtsam nach demselben.

»Ich schlafe immer mit dem Messer!«, sagte das kleine Räubermädchen. »Man weiß nie, was vorfallen kann. Aber erzähle mir nun wieder, was du mir vorhin von dem kleinen Karl erzähltest und weshalb du in die weite Welt hinausgegangen bist.« Gretchen erzählte wieder von vorn an, und die Waldtauben knurrten oben im Käfig und die andern Tauben schliefen. Das kleine Räubermädchen legte ihren Arm um Gretchens Hals, hielt das Messer in der andern Hand und schlief, dass man es hören konnte, aber Gretchen konnte ihre Augen nicht schließen, sie wusste nicht, ob sie leben oder sterben würde. Die Räuber saßen rings um das Feuer, sangen und tranken, und das Räuberweib schoss Purzelbäume. O, es war ganz greulich für das kleine Mädchen mit anzusehen.

Da sagten die Waldtauben: »Kurre, kurre! wir haben den kleinen Karl gesehen. Ein weißes Huhn trug seinen Schlitten, er saß im Wagen der Schneekönigin, welche dicht über den Wald hinfuhr, als wir im Neste lagen; sie blies auf uns Junge, und außer uns beiden starben alle; kurre! kurre!«

»Was sagt ihr dort oben?«, rief Gretchen. »Wohin reiste die Schneekönigin? Wisst ihr etwas davon?«

»Sie reiste wahrscheinlich nach Lappland, denn dort ist immer Schnee und Eis! Frage das Rentier, welches am Strick angebunden steht.«

»Dort ist Eis und Schnee, dort ist es herrlich und gut!«, sagte das Rentier; »dort springt man frei umher in den großen glänzenden Tälern; dort hat die Schneekönigin ihr Sommerzelt, aber ihr festes Schloss hat sie droben gegen den Nordpol, auf der Insel, die Spitzbergen genannt wird!«

»O Karl, kleiner Karl!«, seufzte Gretchen.

»Nun musst du stillliegen«, sagte das Räubermädchen, »sonst stoße ich dir das Messer in den Leib!«

Am andern Morgen erzählte Gretchen ihr alles, was die Waldtauben gesagt hatten, und das Räubermädchen sah ganz ernsthaft aus, nickte aber mit dem Kopf und sagte: »Das ist einerlei, das ist einerlei! – Weißt du, wo Lappland ist?«, fragte sie das Rentier.

»Wer könnte es wohl besser wissen als ich!«, sagte das Tier, und die Augen funkelten ihm im Kopfe. »Dort bin ich geboren und erzogen, dort bin ich auf den Schneefeldern herumgesprungen.«

»Höre!«, sagte das Räubermädchen zu Gretchen, »Du siehst, alle unsere Mannsleute sind fort, jedoch die Mutter ist noch hier und sie bleibt zu Hause. Gegen Mittag aber trinkt sie aus der großen Flasche und schlummert dann ein wenig darauf – dann werde ich etwas für dich tun!« Nun sprang sie aus dem Bett, fuhr der Mutter um den Hals, zog sie am Knebelbart und sagte: »Mein einzig lieber Ziegenbock, guten Morgen!« Die Mutter gab ihr Nasenstüber, dass die Nase rot und blau wurde, aber alles aus lauter Liebe.

Als die Mutter dann aus der Flasche getrunken hatte und darauf einschlief, ging das Räubermädchen zum Rentier hin und sagte: »Ich könnte große Freude davon haben, dich noch manchesmal mit dem scharfen Messer zu kitzeln, denn dann bist du so possierlich; aber das ist einerlei, ich will deine Schnur lösen und dir hinaushelfen, damit du nach Lappland laufen kannst. Du musst aber tüchtig springen und dieses kleine Mädchen zum Schloss der Schneekönigin bringen, wo ihr Spielkamerad ist. Du hast wohl gehört, was sie erzählte, denn sie sprach laut genug und du lauschtest.«

Das Rentier sprang vor Freude hoch empor. Das Räubermädchen hob das kleine Gretchen hinauf und hatte die Vorsicht, sie fest zu binden, ja sogar ihr ein kleines Kissen zum Sitzen zu geben. »Das ist einerlei«, sagte sie, »da hast du deine Pelzschuhe, denn es wird kalt, aber den Muff behalte ich, der ist gar zu niedlich! Darum sollst du doch nicht frieren. Hier hast du meiner Mutter große Fausthandschuhe, die reichen dir gerade bis zum Ellenbogen hinauf; ziehe sie an! – Nun siehst du an den Händen gerade wie meine hässliche Mutter aus!«

Gretchen weinte vor Freude.

»Ich kann nicht leiden, dass du weinst!«, sagte das kleine Räubermädchen. »Nun musst du gerade recht froh aussehen; und da hast du zwei Brote und einen Schinken, dann wirst du nicht hungern.« Beides wurde hinten auf das Rentier gebunden; das kleine Räubermädchen öffnete die Tür, lockte alle großen Hunde herein, durchschnitt dann den Strick mit ihrem scharfen Messer und sagte zum Rentier: »Laufe, aber gib recht auf das kleine Mädchen acht!«

Gretchen streckte die beiden Hände mit den großen Fausthandschuhen gegen das Räubermädchen aus und sagte Lebewohl, und dann flog das Rentier über Stock und Stein davon, durch den großen Wald, über Sümpfe und Steppen, so viel es nur konnte. Die Wölfe heulten und die Raben schrien. Es war gerade, als sprühte der Himmel Feuer.

»Das sind meine alten Nordlichter!«, sagte das Rentier, »sieh, wie sie leuchten!« Und dann lief es noch schneller davon; Nacht und Tag. Die Brote wurden verzehrt, der Schinken auch, und dann waren sie in Lappland.

Sechste Geschichte

Die Lappin und die Finnin

Vor einem kleinen Hause hielten sie an, es war sehr ärmlich; das Dach ging bis zur Erde hinunter, und die Tür war so niedrig, dass die Familie auf dem Bauch kriechen musste, wenn sie heraus- oder hineinkommen wollte. Hier war außer einer alten Lappin, welche bei einer Tranlampe Fische kochte, niemand zu Hause. Das Rentier erzählte Gretchens ganze Geschichte, aber zuerst seine eigene, denn diese erschien ihm weit wichtiger, und Gretchen war von der Kälte so mitgenommen, dass sie nicht sprechen konnte.

»Ach, ihr Armen«, sagte die Lappin »da habt ihr noch weit zu laufen! Ihr müsst über hundert Meilen weit nach Finnmarken hinein, denn dort wohnt die Schneekönigin auf dem Lande und brennt jeden Abend bengalische Flammen. Ich werde ein paar Worte auf einen trockenen Klippfisch schreiben, Papier habe ich nicht, den werde ich euch für die Finnin dort oben mitgeben; die kann euch besser Bescheid erteilen als ich.«

Und als Gretchen nun erwärmt worden war und zu essen und zu trinken erhalten hatte, schrieb die Lappin ein paar Worte auf einen trockenen Klippfisch, bat Gretchen, wohl darauf zu achten band sie wieder auf das Rentier fest, und dieses sprang davon. Die ganze Nacht brannten die schönsten, blauen Nordlichter – und dann kamen sie nach Finnland und klopften an den Schornstein der Finnin, denn sie hatte nicht einmal eine Tür.

Da war eine Hitze drinnen, so dass die Finnin selbst fast ganz nackt ging; sie war klein und dabei ganz schmutzig. Sie löste gleich die Kleider des kleinen Gretchen auf, zog ihr die Fausthandschuhe und Stiefel aus, denn sonst wäre es ihr zu heiß geworden, legte dem Rentier ein Stück Eis auf den Kopf und las dann, was auf dem Klippfisch geschrieben stand. Sie las es dreimal, und dann wusste sie es auswendig und steckte den Fisch in den Suppenkessel, denn der konnte ja gut gegessen werden, und sie verschwendete nie etwas.

Nun erzählte das Rentier zuerst seine Geschichte, dann die des kleinen Gretchen, und die Finnin blinzelte mit den klugen Augen, sagte aber gar nichts.

»Du bist klug!«, sagte das Rentier. »Ich weiß, du kannst alle Winde der Welt in einen Zwirnsfaden zusammenbinden, wenn der Schiffer den einen Knoten löst, so erhält er guten Wind, löst er den andern, dann weht es scharf, und löst er den dritten und vierten, dann stürmt es, dass die Wälder umfallen. Willst du nicht dem kleinen Mädchen einen Trank geben, dass sie Zwölf-Männer-Kraft erhält und die Schneekönigin überwindet?«

»Zwölf-Männer-Kraft«, sagte die Finnin, »ja, das würde viel helfen!« Und dann ging sie nach einem Brette, nahm ein großes zusammengerolltes Fell hervor und rollte es auf. Da waren wunderbare Buchstaben darauf geschrieben und die Finnin las, dass ihr das Wasser von der Stirn herunterlief.

Aber das Rentier bat so sehr für das kleine Gretchen und Gretchen blickte die Finnin mit so bittenden Augen voller Tränen an, dass diese wieder mit den ihrigen zu blinzeln anfing und das Rentier in einen Winkel zog, wo sie ihm zuflüsterte, während es wieder frisches Eis auf den Kopf bekam:

»Der kleine Karl ist noch bei der Schneekönigin und findet dort alles nach seinem Geschmack und Gefallen und glaubt, es sei der beste Ort in der Welt. Das kommt aber davon, weil er einen Glassplitter in das Herz und ein kleines Glaskörnchen in das Auge bekommen hat; die müssen zuerst heraus, sonst wird er nie ein Mensch, und die Schneekönigin wird die Gewalt über ihn behalten!«

»Aber kannst du nicht dem kleinen Gretchen etwas eingeben, so dass sie Gewalt über das Ganze erhält?«

»Ich kann ihr keine größere Gewalt geben, als sie schon besitzt! Siehst du nicht, wie groß diese ist? Siehst du nicht, wie Menschen und Tiere ihr dienen müssen, wie sie auf bloßen Füßen so gut in der Welt fortgekommen ist? Sie kann ihre Macht nicht von uns erhalten, diese sitzt in ihrem Herzen und besteht darin, dass sie ein liebes, unschuldiges Kind ist. Kann sie nicht selbst zur Schneekönigin hineingelangen und das Glas aus dem kleinen Karl bringen, dann können wir nicht helfen! Zwei Meilen von hier beginnt der Garten der Schneekönigin, dahin kannst du das kleine Mädchen tragen; setze sie beim großen Busche ab, welcher mit roten Beeren im Schnee steht, verliere aber nicht viele Worte und spute dich, hierher zurückzukommen.« Damit hob die Finnin das kleine Gretchen auf das Rentier, welches lief, was es konnte.

»O, ich bekam meine Schuhe nicht! Ich bekam meine Fausthandschuhe nicht!«, rief das kleine Gretchen in der schneidenden Kälte, aber das Rentier wagte nicht anzuhalten, es lief, bis es zu dem Busche mit den roten Beeren gelangte. Da setzte es Gretchen ab, küsste sie auf den Mund und es liefen einige große Tränen über des Tieres Backen, und dann lief es, was es nur konnte, wieder zurück. Da stand das arme Gretchen ohne Schuhe, ohne Handschuh, mitten in dem fürchterlich eiskalten Finnmarken.

Sie lief vorwärts, so schnell sie konnte; da kam ein ganzes Heer Schneeflocken, aber sie fielen nicht vom Himmel herunter; der war ganz klar und glänzte von Nordlichtern. Die Schneeflocken liefen gerade auf der Erde hin, und je näher sie kamen, desto größer wurden sie. Gretchen erinnerte sich noch, wie groß und künstlich sie damals ausgesehen hatten, als sie die Schneeflocken durch ein Brennglas betrachtet hatte, aber hier waren sie wahrlich noch viel größer und fürchterlicher, sie waren lebend, sie waren der Schneekönigin Vorposten. Sie hatten die sonderbarsten Gestalten; einige sahen aus wie hässliche, große Stachelschweine, andere wie ganze Knoten, gebildet von Schlangen, welche die Köpfe hervorstreckten, und andere wie kleine, dicke Bären, auf welchen die Haare sich sträubten, alle glänzten weiß, alle waren lebendige Schneeflocken.

Da betete das kleine Gretchen ihr Vaterunser und die Kälte war so groß, dass sie ihren eigenen Atem sehen konnte, der stand ihr ganz wie Rauch aus dem Munde; der Atem wurde immer dichter und dichter und gestaltete sich zu kleinen, klaren Engeln, die mehr und mehr wuchsen, wenn sie die Erde berührten und alle Helme auf dem Kopf und Spieß und Schild in den Händen hatten. Ihre Anzahl wurde größer und größer und als Gretchen ihr Vaterunser geendet hatte, da war ein ganzes Heer um sie; sie stachen mit ihren Spießen gegen die gräulichen Schneeflocken, so dass diese in hundert Stücke zersprangen, und das kleine Gretchen ging ganz sicher und froh vorwärts. Die Engel liebkosten ihre Hände und Füße, da fühlte sie weniger, wie kalt es war, und ging rasch gegen der Schneekönigin Schloss vor.

Aber nun wollen wir erst sehen, wie es Karl geht. Er dachte freilich nicht an das kleine Gretchen, und am wenigsten, dass sie draußen vor dem Schloss stand.

Siebente Geschichte

Von dem Schlosse der Schneekönigin und was sich später darin zutrug

Des Schlosses Wände waren gebildet von dem treibenden Schnee und Fenster und Türen von den schneidenden Winden, da waren über hundert Säle, alle wie der Schnee sie zusammentrieb, der größte erstreckte sich mehrere Meilen lang, alle beleuchtet von dem starken Nordlicht, und sie waren leer, eisig, kalt und glänzend. Nie gab es hier Lustbarkeit, nicht einmal einen kleinen Bärenball, wozu der Sturm aufspielen und die Eisbären auf den Hinterfüßen gehen und dabei ihre Gebärden hätten zeigen können; nie eine kleine Spielgesellschaft mit Maulklapp und Tatzenschlag; nie ein klein bisschen Kaffeeklatsch von den weißen Fuchsfräuleins; leer, groß und kalt war es in den Sälen der Schneekönigin. Die Nordlichter flammten so genau, dass man sie zählen konnte, wenn sie am höchsten und wenn sie am niedrigsten standen. Mitten in diesem leeren unendlichen Schneesaale war ein zugefrorener See, der war in tausend Stücke gesprungen, aber jedes Stück war dem andern so gleich, dass es ein wahres Kunstwerk war. Mitten auf diesem saß die Schneekönigin, wenn sie zu Hause war, und dann sagte sie, dass sie im Spiegel des Verstandes sitze, und dass dieser der einzige und der beste in der Welt sei.

Der kleine Karl war ganz blau vor Kälte, ja fast schwarz, aber er merkte es nicht, denn sie hatte ihm den Frostschauer abgeküsst und sein Herz glich einem Eisklumpen. Er ging und schleppte einige scharfe, flache Eisstücke, die er auf alle mögliche Weise aneinanderpasste, gleich wie wenn wir kleine Holztafeln haben und diese in Figuren zusammenlegen, was man das chinesische Spiel nennt. Karl ging auch und legte Figuren, die allerkünstlichsten; das war das Eisspiel des Verstandes. In seinen Augen waren die Figuren ganz ausgezeichnet und von der höchsten Wichtigkeit; das machte das Glaskörnchen, welches ihm im Auge saß! Er legte ganze Figuren, die ein geschriebenes Wort waren, aber nie konnte er es herausbringen, das Wort zu legen, was er gerade haben wollte, das Wort »Ewigkeit«, und die Schneekönigin hatte gesagt: »Kannst du die Figur ausfindig machen, dann sollst du dein eigener Herr sein und ich schenke dir die ganze Welt und ein Paar neue Schlittschuhe.« Aber er konnte es nicht.

»Nun sause ich fort nach den warmen Ländern!«, sagte die Schneekönigin. »Ich will hinfahren und in die schwarzen Töpfe hineinsehen!« – Das waren die feuerspeienden Berge Ätna und Vesuv, wie man sie nennt. »Ich werde sie ein wenig weiß machen, das gehört dazu, das tut den Zitronen und Weintrauben gut!« Damit flog die Schneekönigin davon, und Karl saß ganz allein in dem viele Meilen weiten, großen, leeren Eissaal, betrachtete die Eisstücke und dachte und dachte, so dass es in ihm knackte, ganz stille und steif saß er, man hätte glauben können, er sei erfroren.

Da war es, dass das kleine Gretchen durch das Tor in das Schloss trat. Hier herrschten schneidende Winde; aber sie betete ein Abendgebet, und da legten sich die Winde, als ob sie schlafen wollten, und sie trat in die großen, leeren, kalten Säle hinein – da erblickte sie Karl, sie erkannte ihn, sie flog ihm um den Hals, hielt ihn dann fest und rief: »Karl! lieber kleiner Karl! da habe ich dich endlich gefunden!«

Aber er saß ganz still, steif und kalt; da weinte das kleine Gretchen heiße Tränen, die fielen auf seine Brust, sie drangen in sein Herz, sie tauten den Eisklumpen auf und verzehrten das kleine Spiegelstück darin; er betrachtete sie und sie sang:

»Rosen, die blühen und verwehen,
Wir werden das Christkindlein sehen!«

Da brach Karl in Tränen aus; er weinte, dass das Spiegelkörnchen aus dem Auge schwamm, er erkannte sie und jubelte: »Gretchen! liebes, kleines Gretchen! – Wo bist du doch so lange gewesen? Und wo bin ich gewesen?« Und er blickte rings um sich her. »Wie kalt ist es hier! wie es hier weit und leer ist!« Und er klammerte sich an Gretchen an, und sie lachte und weinte vor Freude. Das war so herrlich, dass selbst die Eisstücke vor Freude ringsumher tanzten, und als sie müde waren und sich niederlegten, lagen sie gerade in den Buchstaben, von denen die Schneekönigin gesagt hatte, dass er sie ausfindig machen sollte, dann sei er sein eigener Herr und sie wollte ihm die ganze Welt und ein Paar neue Schlittschuhe geben.

Gretchen küsste seine Wangen, und sie wurden blühend; sie küsste seine Augen, und sie leuchteten gleich den ihren; sie küsste seine Hände und Füße, und er war gesund und munter. Die Schneekönigin mochte nun nach Hause kommen, sein Freibrief stand da mit glänzenden Eisstücken geschrieben.

Sie fassten einander an den Händen und wanderten aus dem großen Schloss hinaus; sie sprachen von der Großmutter und von den Rosen auf dem Dache; und wo sie gingen, ruhten die Winde und die Sonne brach hervor. Als sie den Busch mit den roten Beeren erreichten, stand das Rentier da und wartete; es hatte ein anderes junges Rentier mit sich, dessen Euter voll war, und dieses gab den Kleinen seine warme Milch und küsste sie auf den Mund. Dann trugen sie Karl und Gretchen erst zur Finnin, wo sie sich in der heißen Stube auswärmten und über die Heimreise Bescheid erhielten, dann zur Lappin, welche ihnen neue Kleider genäht und ihren Schlitten instand gesetzt hatte.

Das Rentier und das Junge sprangen zur Seite und folgten mit, bis zur Grenze des Landes; dort sprosste das erste Grün hervor, da nahmen sie Abschied vom Rentier und von der Lappin. »Lebt wohl!«, sagten alle. Und die ersten kleinen Vögel begannen zu zwitschern, der Wald hatte grüne Knospen und aus ihm kam auf einem prächtigen Pferde, welches Gretchen kannte (es war vor die goldene Kutsche gespannt gewesen), ein junges Mädchen geritten, mit einer glänzenden, roten Mütze auf dem Kopfe und Pistolen im Halfter. Das war das kleine Räubermädchen, welches es satt hatte, zu Hause zu sein, und nun erst gegen Norden und später, wenn ihr dies zusagte, nach einer anderen Weltgegend hin wollte. Sie erkannte Gretchen sogleich, und Gretchen erkannte sie, das war eine Freude.

»Du bist ein wahrer Künstler im Herumstreifen!«, sagte sie zum kleinen Karl. »Ich möchte wissen, ob Du verdienst, dass man Deinethalben bis an der Welt Ende läuft!«

Aber Gretchen klopfte ihr die Wangen und fragte nach dem Prinzen und der Prinzessin.

»Die sind nach fremden Ländern gereist!«, sagte das Räubermädchen.

»Aber die Krähe?«, fragte Gretchen.

»Ja, die Krähe ist tot!«, erwiderte sie. »Die zahme Geliebte ist Witwe geworden und geht mit einem Stückchen schwarzen, wollenen Garn um das Bein; sie klagt ganz jämmerlich, und Geschwätz ist das Ganze! – Aber erzähle mir nun, wie es dir ergangen ist und wie du ihn erwischt hast.«

Gretchen und Karl erzählten.

Das Räubermädchen nahm beide bei den Händen und versprach, dass, wenn sie je durch ihre Stadt kommen sollte, so wolle sie hinaufkommen sie zu besuchen, und dann ritt sie in die weite Welt hinaus. Aber Karl und Gretchen gingen Hand in Hand, und wie sie gingen, war es herrlicher Frühling mit Blumen und mit Grün; die Kirchenglocken läuteten, und sie erkannten die hohen Türme, die große Stadt, es war die, in der sie wohnten, und sie gingen in dieselbe hinein und hin zu der Tür der Großmutter, die Treppe hinauf, in die Stube hinein, wo alles wie früher auf derselben Stelle stand. Die Uhr sagte: »Tick! tack!«, und die Zeiger drehten sich; aber indem sie durch die Tür gingen, bemerkten sie, dass sie erwachsene Menschen geworden waren. Die Rosen aus der Dachrinne blühten zum offenen Fenster herein und da standen noch die kleinen Kinderstühle. Karl und Gretchen setzten sich ein jeder auf den seinigen und hielten einander bei den Händen; die kalte, leere Herrlichkeit bei der Schneekönigin hatten sie gleich einem schweren Traum vergessen. Die Großmutter saß in Gottes hellem Sonnenschein und las laut aus der Bibel: »Werdet ihr nicht wie die Kinder, so werdet ihr das Reich Gottes nicht erben!«

Karl und Gretchen sahen einander in die Augen und sie verstanden auf einmal den alten Gesang:

»Rosen, die blühen und verwehen,
Wir werden das Christkindlein sehen.«

Da saßen sie beide, erwachsen und doch Kinder, Kinder im Herzen; und es war Sommer, warmer, wohltuender Sommer.

Jón Árnason

Die Alfkönigin

Ein Bauer wohnte auf einem Hof, oben zwischen den Bergen, nirgends aber wird erwähnt, wie er oder der Hof hießen. Der Bauer war unverheiratet, hatte aber eine Hausmeisterin, die Hildur hieß, von deren Geschlecht man nichts wußte. Sie stand dem inneren Hausstand vor und war flink in allen Dingen. Sie war beim Gesinde des Hofes beliebt, und bei dem Bauern auch, aber es war nie zu merken, daß das Verhältnis zwischen ihnen die Grenzen der Schicklichkeit überschritt. Sie war aber auch eine gesetzte Frau, ziemlich in sich gekehrt, doch freundlich im Verkehr.

Die häuslichen Verhältnisse des Bauern waren sehr gut, mit Ausnahme des Umstandes, daß es ihm schwer fiel, einen Hirten zu finden; er war aber ein reicher Schafbauer und glaubte, sein Haus verlöre den Grundstein, wenn der Hirt fehle. Das kam nun weder davon, daß der Bauer streng gegen seine Hirten war, noch davon, daß die Hausmeisterin es an dem fehlen ließ, was zu ihrem Gebiet gehörte. Der Grund, daß sie nicht einig werden konnten, war vielmehr der, daß die Hirten nie alt im Dienst wurden und am ersten Weihnachtsfeiertag stets tot in ihrem Bett aufgefunden wurden.

In jenen Zeiten war es im ganzen Land Sitte, am Heiligabend Gottesdienst abzuhalten, und es wurde für ebenso feierlich gehalten, dann zur Kirche zu fahren, wie am ersten Feiertag selbst. Aber auf Gebirgshöfen, die weit von der Kirche entfernt lagen, war es für diejenigen, die sich der Verhältnisse wegen nicht eher bereit machen konnten, das Haus zu verlassen, bis der Stern zwischen Morgen und Mittag stand, keine Kleinigkeit, zum Gottesdienst zu kommen, und es war üblich, daß die Hirten bei diesem Bauern nicht früher nach Hause kamen. Wohl brauchten sie nicht den Hof zu hüten, wie es Sitte war, daß es einer oder der andere in der Weihnachts- und Silvesternacht tat, während die übrigen Leute des Hofes in der Kirche waren; denn seit Hildur zu dem Bauern gekommen war, hatte sie sich stets von selbst dazu erboten, während sie gleichzeitig besorgte, was zum Fest in Ordnung gebracht werden mußte: Essen kochen und anderes, was dazu gehört, und sie wachte immer bis spät in die Nacht, so daß die Kirchgänger zuweilen zurückgekommen, zu Bett gegangen und eingeschlafen waren, ehe sie zu Bett ging. Als es eine Zeitlang so gegangen war, daß die Hirten des Bauern alle plötzlich in der heiligen Nacht gestorben waren, fing man an, in den Ortschaften darüber zu sprechen, und es fiel deshalb dem Bauern sehr schwer, jemanden für diese Arbeit zu dingen, und je mehr starben, desto schwerer wurde es. Weder auf ihn, noch auf sein Gesinde fiel der Verdacht, daß sie den Tod der Hirten verschuldet hätten, da sie alle gestorben waren, ohne daß eine Wunde an ihnen zu sehen war. Schließlich sagte der Bauer, daß er es nicht mehr über sein Gewissen bringen könnte, Hirten zu dingen, die den sicheren Tod zu erwarten hätten, und daß nun das Schicksal darüber bestimmen möge, wie es mit seinem Viehstand und Wohlstand würde.

Als der Bauer sich hierfür entschieden hatte, und fest entschlossen war, niemand zu diesem Zweck zu dingen, kam einmal ein flinker und kräftiger Mann und bot ihm seinen Dienst an. Der Bauer sagte: »So nötig habe ich deinen Dienst nicht, daß ich dich annehmen muß.« Der Fremde fragte: »Hast du einen Hirten für den nächsten Winter gedungen?« Der Bauer erwiderte: »Nein« und sagte, daß er sich entschlössen hätte, für die Folge niemand zu dingen, »und du hast wohl gehört, wie unglücklich es bisher meinen Hirten ergangen ist.« »Gehört habe ich davon«, sagte der Fremde, »aber ihr Schicksal soll mir keine Furcht einjagen.« Da gab der Bauer nach, weil der andere ihn so eindringlich bat, und nahm ihn als Schafhirten in seinen Dienst. Nun verstrich eine Zeit; der Bauer und der Hirt waren sehr zufrieden miteinander, und dieser war bei allen gern gesehen, denn er war ein Mann von gutem Betragen, keck und ausdauernd in all seinem Vorhaben.

Es geschah nichts, bis Weihnachten kam; da ging es wie immer: der Bauer zog am Heiligabend mit seinen Leuten zur Kirche, nur seine Hausmeisterin blieb im Hause zurück, und der Hirt blieb beim Vieh; der Bauer zog also fort und ließ die beiden allein zurück. Es ging auf Abend, ehe der Hirt wie gewöhnlich nach Hause kam; er aß seine Grütze und ging dann zur Ruhe. Da fiel ihm ein, daß es vielleicht sicherer für ihn wäre, wach zu bleiben als zu schlafen, falls etwas passierte, obgleich er keine Furcht hegte, und deshalb blieb er wach liegen. Als der größte Teil der Nacht vergangen war, hörte er die Kirchgänger kommen; sie bekamen einen Bissen zu essen und gingen dann zu Bett. Noch merkte er nichts, als er aber glaubte, daß alle eingeschlafen wären, fühlte er, daß seine Kräfte zu schwinden begannen, was nicht weiter merkwürdig war, so müde, wie er nach des Tages Mühe war.

Er glaubte, es wäre schlimm mit ihm bestellt, wenn ihn jetzt der Schlaf übermannte, und er bot darum all seine Willenskraft auf, um sich wach zu erhalten. Es verging nun keine lange Zeit, bis er jemand an sein Bett treten hörte, und er glaubte zu sehen, daß es die Hausmeisterin Hildur sei, die hier ihr Wesen triebe. Er stellte sich, als schliefe er ganz fest und merkte, daß sie ihm etwas in den Mund steckte. Das war, wie er fühlte, ein Zaum für den Hexenritt, und er ließ sich ruhig aufzäumen. Als sie ihm das Zaumzeug angelegt hatte, befestigte sie die Zügel, wie es ihr am bequemsten war, setzte sich auf seinen Rücken und ritt in sausender Eile fort, bis sie, wie ihm schien, an einen Graben oder eine Spalte in der Erde kam. Da sprang sie von ihm herab, auf einen Stein, und ließ die Zügel hängen, worauf sie vor seinen Augen in der Spalte verschwand. Der Hirt fand, es sei schlimm und wenig aufklärend, wenn Hildur solchermaßen vor ihm verschwände, ohne daß er wüßte, was aus ihr geworden sei; er merkte aber, daß er mit angelegtem Zaum nicht weit käme, so viel Zauberei steckte darin. Er nahm deshalb den Ausweg, daß er den Kopf an dem erwähnten Stein rieb, bis er sich das Zaumzeug abgescheuert hatte und dann ließ er es liegen. Dann warf er sich in die Spalte, in die sie vor ihm gesprungen war.

Es schien ihm, daß er noch nicht weit in die Spalte hinuntergekommen war, als er Hildur wieder erblickte; sie war auf einigen schönen Wiesen angelangt, über welche sie bald den Weg zurückgelegt hatte. Nach all diesem konnte er wohl begreifen, daß es mit Hildur nicht richtig zuging, und daß sie sicher mehr Kniffe unter ihrem Pelz verbarg, als man ihr ansehen konnte, wenn sie oben auf der Erde unter den Menschen weilte. Auch das konnte er verstehen, daß sie ihn bald erblicken würde, wenn er auf der Wiese hinter ihr herging. Er nahm deshalb einen Stein, der ihn unsichtbar machte, aus seiner Tasche und verbarg ihn in der linken Hand, lief dann hinter ihr her und beeilte sich, so sehr er konnte. Als er weiter auf die Wiese gekommen war, sah er eine große und prächtige Halle, und Hildur folgte dem Weg, der zu ihr hinführte. Er sah eine große Schar von Menschen aus der Halle ihr entgegenkommen; zuerst, an der Spitze, ging ein Mann, der am prächtigsten von allen gekleidet war, und es schien dem Hirten, als begrüße dieser seine Frau, als Hildur kam, und hieße sie willkommen; die anderen aber, die im Gefolge des Häuptlings waren, begrüßten sie fröhlich als ihre Königin. Mit dem Häuptling zogen Hildur zwei halberwachsene Kinder entgegen, und mit heller Freude begrüßten sie ihre Mutter. Als die ganze Menge der Königin ihre Huldigung dargebracht hatte, begleiteten alle sie und den König nach der Halle, und dort bereitete man ihr einen ehrenvollen Empfang, kleidete sie in königliche Gewänder und streifte ihr goldene Ringe auf den Arm. Der Hirt folgte der Menge nach der Halle, hielt sich aber die ganze Zeit dort auf, wo am wenigsten Leute waren, wenn auch derart, daß er alles, was vorging, sehen konnte. In der Halle sah er so viel Pracht und Glanz, daß er Ähnliches nie geschaut hatte. Tische wurden hervorgeholt und gedeckt, und er wunderte sich über all die Herrlichkeit. Nach einer Weile sah er Hildur in die Halle eintreten, in das prächtige Gewand gekleidet, von dem vorher die Rede gewesen ist. Jedem wurde sein Platz angewiesen; Königin Hildur nahm den Ehrensitz neben dem König ein; das ganze Gefolge aber nahm zu beiden Seiten Platz, und die

Mahlzeit dauerte nun eine Weile. Dann wurden die Tische wieder abgedeckt, worauf die Männer und die Jungfrauen, so viele dazu Lust hatten, zum Tanz antraten, während andere Vergnügungen wählten, die mehr nach ihrem Sinn waren; der König und die Königin aber saßen da und sprachen miteinander, und ihr Gespräch schien dem Hirten sowohl mit Freude wie mit Kummer vermischt zu sein.

Während des Gespräches des Königs mit der Königin kamen drei Kinder, die jünger waren als die vorhererwähnten, zu ihnen herein und äußerten ebenfalls ihre Freude darüber, daß sie ihre Mutter wiedersahen. Königin Hildur erwiderte ihren Gruß liebevoll, nahm das jüngste Kind auf den Schoß und streichelte es, es war aber schlecht gelaunt und unruhig. Die Königin ließ dann das Kind herunter, streifte einen Ring vom Finger und gab ihn ihm zum Spielen. Da wurde das Kind still und spielte eine Weile mit dem Gold, verlor den Ring aber schließlich auf dem Boden. Der Hirt stand in der Nähe, beeilte sich und erhaschte den Ring, als er zu Boden fiel, steckte ihn zu sich und verbarg ihn gut, ohne das es jemand merkte; es schien aber allen merkwürdig, daß der Ring nirgends zu finden war, als man nach ihm suchte. Als die Nacht zum größten Teil verflossen war, begann Königin Hildur, sich zum Fortgang zu rüsten, aber alle, die in der Halle waren, baten sie, noch länger zu verweilen, und waren sehr traurig, als sie sahen, daß sie fortziehen wollte.

Der Hirt hatte beobachtet, daß an einer Stelle in der Halle ein uraltes Weib saß, das entsetzlich anzusehen war; sie war die einzige von allen, die sich weder über die Ankunft der Königin Hildur gefreut hatte, noch sie bat, zu bleiben, als sie fortziehen wollte. Als der König die Wanderlust Hildurs sah, und daß sie sich nicht zum Bleiben überreden ließ, weder durch seine noch durch anderer Bitten, ging er zu dem Weib und sagte: »Nimm nun deine Flüche zurück, Mutter, und erhöre meine Bitten, so daß meine Königin mir nicht mehr fern zu sein braucht und meine Freude über unsere Zusammenkünfte von so kurzer Dauer ist, wie sie es jetzt war.« Das alte Weib antwortete ihm voller

Zorn: »All meine Flüche sollen bestehen bleiben, und nichts soll mich erweichen, sie zu widerrufen.« Der König schwieg dazu und ging voller Kummer zu seiner Königin, legte ihr den Arm um den Hals und küßte sie und bat sie noch einmal mit sanften Worten, doch nicht fortzuziehen. Die Königin sagte, daß die Flüche seiner Mutter ihr verböten, anders zu handeln; sie äußerte, es wäre nur wenig Wahrscheinlichkeit dafür da, daß sie sich häufiger sehen könnten, des Schicksals wegen, das über sie verhängt wäre, und daß die Tötungen, die ihretwegen geschehen wären, und deren es nun so viele geworden seien, nicht länger verborgen bleiben könnten, und daß sie deshalb die wohlverdiente Strafe für ihre Taten erleiden müßte, obgleich sie sie ungern verübt hätte.

Während sie in diese Klagen ausbrach, entfernte sich der Hirt aus der Halle, als er sah, wie die Dinge standen; er ging geradeswegs über die Wiese nach der Spalte und wieder hinauf auf den Weg. Dann versteckte er den Zauberstein, zäumte sich wieder auf und wartete, bis Hildur kam. Nach Verlauf einer kurzen Zeit kam Königin Hildur allein und mit trauriger Miene; sie setzte sich auf seinen Rücken und ritt nach Hause. Als sie dort angekommen waren, legte sie ihn wieder in sein Bett, zäumte ihn ab, ging darauf selbst zu Bett und begann zu schlafen. Obgleich der Hirt die ganze Zeit über hellwach gewesen war, stellte er sich doch schlafend, damit Hildur nichts merken sollte. Als sie aber zu Bett gegangen war, machte er sich nichts mehr daraus, vorsichtig zu sein; er verfiel in tiefen Schlaf und schlief, wie zu erwarten war, bis weit in den Tag hinein.

Am nächsten Morgen stieg der Bauer von allen auf dem Hof zuerst aus dem Bett; denn es lag ihm am Herzen, seinen Schafhirten zu sehen, er erwartete aber statt der Weihnachtsfreude den Kummer, ihn tot in seinem Bett zu finden, so wie es früher geschehen war. Während der Bauer sich anzog, erwachten die übrigen Leute des Hofes und zogen sich ebenfalls an, der Bauer aber ging an das Bett des Hirten und berührte ihn mit der Hand. Da merkte er, daß er am Leben war, und war froh darüber und pries Gott in hohen Tönen ob dieser Gnade. Da erwachte der Hirt frisch und munter und zog sich an. Währenddessen fragte ihn der Bauer, ob etwas Neues während der Nacht passiert sei. Der Schafhirt erwiderte: »Nein, aber einen sehr merkwürdigen Traum habe ich gehabt.«

»Wie ist denn der Traum gewesen?« fragte der Bauer. Da begann der Hirt seinen Bericht von dem Augenblick an, von dem wir erzählt haben, daß Hildur an sein Bett getreten war und ihn aufgezäumt hatte, und dann gab er jedes Wort und jedes Ereignis so genau wieder, wie er sich daran erinnern konnte. Als er mit seiner Erzählung fertig war, saßen alle schweigend da, außer Hildur, die sagte: »Alles, was du gesagt hast, ist gelogen, wenn du nicht durch deutliche Zeichen beweisen kannst, daß es so zugegangen ist, wie du erzählst.« Der Hirt ließ sich dadurch nicht in Verlegenheit bringen, sondern holte den Ring hervor, den er nachts vom Erdboden im Alfheim aufgenommen hatte, und sagte: »Wenn ich es auch nicht für meine Pflicht halte, eine Traumsage mit Zeichen zu beweisen, so trifft es sich doch so glücklich, daß ich einen klaren Beleg dafür habe, daß ich in dieser Nacht bei den Huldren gewesen bin; oder ist das nicht dein Fingerring, Königin Hildur?« Hildur antwortete: »So ist es, und Gott segne dich dafür, daß du mich aus der Sklaverei befreit hast, die mir meine Schwiegermutter auferlegt hat; nur ungern habe ich alle die Missetaten begangen, die sie mir geboten hat.« Königin Hildur fing dann ihre Geschichte also an:

»Ich war eine Huldrejungfrau aus geringem Geschlecht, aber der, der jetzt König über das Alfheim ist, wurde von Liebe zu mir erfaßt und, obgleich es sehr gegen den Willen seiner Mutter war, nahm er mich zur Frau. Da wurde meine Schwiegermutter so zornig, daß sie ihrem Sohn versprach, daß er nur kurze Freude an mir haben solle, jedoch würde es uns gestattet sein, uns ab und zu zu sehen. Mir aber erlegte sie auf, daß ich Sklavin unter den Menschen werden sollte, und damit war das Unglück verbunden, daß ich jedesmal zu Weihnachten den Tod eines Menschen verursachen sollte, dergestalt, daß ich, während ich schlief, ihn aufzäumen und auf ihm denselben Weg reiten sollte, den ich diese Nacht auf dem Hirten geritten bin, um den König zu besuchen; und dies sollte solange währen, bis ich dieser Bosheit überführt und deswegen getötet würde, wenn ich nicht einen so kecken und mutigen Mann fände, daß er mir nach Alfheim zu folgen wagte und dann beweisen könnte, daß er dorthin gekommen wäre und gesehen hätte, womit die Leute sich dort beschäftigten. Nun ist klar, daß sämtliche früheren Hirten des Bauern um meinetwillen den Tod gefunden haben, seit ich hergekommen bin, und ich hoffe, daß man mir nicht anrechnen wird, was gegen meinen freien Willen geschehen ist; denn niemand hat den unterirdischen Weg gefunden und ist aus Neugierde in die Wohnstätte der Huldren eingedrungen, vor diesem mutigen Mann, der mich nun aus meiner Sklaverei und von meinem Fluch erlöst hat, und ich werde ihn dafür belohnen, wenn es auch nicht gleich geschieht. Jetzt kann ich nicht länger hier bleiben, habt Dank für die Güte, die ihr mir erwiesen habt, aber die Sehnsucht zieht mich nach meinem Heim.«

Nachdem sie so gesprochen hatte, verschwand Königin Hildur, und später sah man sie nie wieder unter den Menschen.

Von dem Schafhirten aber wird erzählt, daß er sich verheiratete und im nächsten Frühjahr einen Hausstand gründete. Das konnte er auch, denn erstens zeigte sich der Bauer freigebig ihm gegenüber, als er aus seinem Dienst zog, und dann war er auch selbst nicht ohne Vermögen. Er wurde seiner Gegend von sehr großem Nutzen, und stets wandte man sich an ihn um Rat und Hilfe; so beliebt aber war er und so glücklich, daß die Leute nicht recht begreifen konnten, wie es zuging, und glaubten, bei ihm hätte jedes Tier zwei Köpfe.

Er aber sagte, daß er Königin Hildur für seinen ganzen Wohlstand zu danken habe.

Svend Grundtvig

In Hülle und Fülle

Es war an einem Weihnachtsabend, da kamen zwei arme Wanderer zu einem großen Bauernhof und baten, die Nacht über dableiben zu dürfen. Nein, sagten die Hofbewohner, sie könnten solchen Bettlern kein Obdach geben. Da gingen sie weiter und kamen zu einer Hütte, in der ein armer Häusler mit seiner Frau wohnte. Sie klopften an und fragten, ob sie dort die Nacht über bleiben könnten. Ja, sagten die Leute, das könnten sie gern, wenn sie mit dem, was sich vorfinde, vorliebnehmen wollten, denn sie seien ja nur geringe Leute.

Die beiden Fremdlinge dankten herzlich und traten ein. Da flüsterte die Frau dem Mann zu und sagte: »Wir müssen doch an diesem hochheiligen Abend den Fremden etwas zum besten geben. Wir müssen wohl unser Widderlamm schlachten.«

»Ja, laß uns das tun!« sagte der Mann; und sie schlachteten das Lamm, und ein guter Braten kam auf den Tisch, und sie aßen und waren vergnügt miteinander an dem Heiligen Abend. Als es dann Schlafenszeit war, wiesen sie den Gästen ihr eigenes Bett an; es war das einzige, das sie hatten. Und dann breiteten sie Stroh auf die Diele, und dort schliefen sie selber.

Am nächsten Morgen gingen sie allesamt zur Kirche, und die Häusler baten die beiden Wanderer, doch während der beiden Feiertage noch bei ihnen zu verweilen. »Denn jetzt haben wir ja all das gute Essen«, sagten sie, »das müßt ihr uns verzehren helfen.« Die Fremden dankten, und sie blieben die beiden Weihnachtstage über da. Am Morgen des dritten Weihnachtstags, als sie fortgehen wollten, bedankten sich die beiden Fremden für die gute Aufnahme. Es sei schlimm, sagten sie, daß sie ihnen keine Bezahlung anbieten könnten. Ach, das bliebe sich gleich, sagten Mann und Frau; sie hätten sie nicht um irgendeines Lohnes willen aufgenommen.

Gerade als sie aus der Tür gehen wollten, sagte der eine der beiden Wanderer: »Aber das ist wahr, hatte das Lamm keine Hörner?«

»Doch«, sagte der Mann, »aber sie waren zu nichts nütze.« Er dachte, daß die Fremdlinge vielleicht Verwendung für Widderhörner haben könnten und ihn um dieselben bitten wollten.

»Wie viele Hörner hatte das Lamm?« hob der Fremde wieder an.

»Zwei«, sagte der Mann, ganz verwundert über die Frage.

»Dann mögen euch zwei Wünsche erfüllt werden«, sagte der Fremde, »welche ihr wollt.«

Da sagte der Mann, sie hatten keine anderen Wünsche, als daß sie hier auf Erden ihr tägliches Brot und Auskommen haben und nach ihrem Tod ins Himmelreich kommen möchten.

»Das gewähre euch Gott«, sagte der Fremde, »über ein Jahr sprechen wir wieder bei euch vor.« Und dann gingen die beiden Wanderer fort.

Seit dem Tag gedieh und vermehrte sich alles bei den Häuslern auf die wunderbarste Art. Sie bekamen drei große Kälber statt eines von ihrer einzigen Kuh, sie bekamen acht gute Lämmer von ihren zwei Schafen, und sie bekamen so viele Ferkel von ihrer Sau, daß sie fast nicht zu zählen waren; und von allem, was in ihrem bißchen Ackerland gesät war oder gesät wurde, erhielten sie wohl hundertfältige Frucht. Sie wurden daher recht wohlhabend und bauten ihr Hüttchen aus, so daß es größer und behaglicher wurde. Und sie freuten sich auf Weihnachten, wo die beiden Fremdlinge wiederkommen wollten. Denn sie merkten wohl, daß sie ihnen all den Segen zu verdanken hätten.

Ihre Nachbarn und alle Leute im Dorf wunderten sich höchlich über den Wohlstand, der in das ärmliche Haus strömte, und die Bewohner des Hofes ihnen gerade gegenüber, wo die beiden Wanderer abgewiesen worden waren, verwunderten sich nicht am wenigsten; und als sie erfuhren, woraus die Häusler kein Geheimnis machten, daß all der Segen den guten Wünschen der armen Wanderer zu verdanken sei, welche am letzten Weihnachten bei ihnen eingekehrt waren, wurden sie schrecklich neidisch und meinten, das alles sei ihnen selbst gleichsam gestohlen; denn die guten Wünsche hätten ja ihnen zuteil werden können, wenn sie sie nur aufgenommen hätten. Als sie nun hörten, daß die Fremdlinge versprochen hätten, um Weihnachten wiederzukommen, baten und bettelten und drohten sie den Häuslern das Versprechen ab, dieselben bei ihrer Ankunft nach dem Hof hinüberzuweisen.

In der Dämmerungsstunde des Weihnachtsabends kamen dieselben zwei Wanderer und klopften bei den Häuslern an. Sowohl der Mann wie die Frau gingen hinaus und begrüßten sie und dankten ihnen für all den Segen, den ihr Besuch ihnen gebracht habe. Die Fremdlinge baten, ob sie die Nacht über dableiben und das Fest mit ihnen feiern dürften. Ja, sagten die Häusler, nichts würde ihnen lieber sein; aber sie hätten den Hofbewohnern gerade gegenüber versprochen, sie bei ihrer Ankunft dorthin zu weisen. Es täte ihnen so leid, daß sie sie voriges Jahr abgewiesen hätten, und sie wollten es gern wieder gutmachen. »Und ihr bekommt es auch drüben viel besser als wir es euch bieten könnten«, sagten die Häusler. »Wenn ihr es wünscht«, sagten die Fremden, »gehen wir heute abend dort hinüber, allein morgen früh gehen wir mit euch zur Kirche.«

Dann gingen sie zu dem Hof hinüber. Der Junge schaute schon draußen vor dem Tor nach ihnen aus, und er lief gleich hinein, um ihre Ankunft zu melden. Der Hofbesitzer und seine Frau kamen beide hinausgeschossen und nahmen die Fremdlinge in Empfang und führten sie in ihre beste Stube und brachten viele Entschuldigungen vor, daß sie sie voriges Jahr abgewiesen hätten. Der Hofherr hatte einen fetten Ochsen geschlachtet, und es wurde reichlich aufgetischt: Sie erhielten Suppe und Braten und Kuchen, und es war gutes Bier und alter Met da und Wein obendrein. Sie erhielten ihr eigenes Schlafzimmer mit zwei großen Betten, mit Federdecken und Kissen bis an die Decke.

Am nächsten Morgen standen die Fremdlinge frühzeitig auf; die Hofbewohner baten sie, doch die Feiertage über dazubleiben; aber die Fremdlinge sagten, sie müßten fort: Sie wollten noch zur Kirche und dann von dortaus weitergehen. Der Hofherr ließ darauf seinen Staatswagen anspannen: sie dürften nicht zur Kirche gehen, sie müßten unbedingt fahren. Sie bedankten sich, und als sie abfahren sollten, sagte der eine der Fremden zu dem Wirt und der Wirtin, sie wüßten nicht, wie sie ihnen dafür lohnen sollten, daß sie so glänzend aufgenommen worden; Geld hätten sie leider nicht. – »Aber das ist wahr«, sagte er, »hatte der Ochse Hörner?«

»Ja, das hatte er allerdings«, sagte der Mann; – er hätte nämlich von den Häuslern gehört, was für Gespräche voriges Jahr geführt worden waren, und so verstand er gleich, worauf dies hinauslief!

»Wie viele Hörner hatte er?« fragte nun der Fremde.

Die Frau zupfte den Mann am Ärmel und sagte: »Sage vier!«

Da antwortete der Mann, der Ochse habe vier Hörner gehabt. »Dann sollen euch auch vier Wünsche erfüllt werden«, sagte der Fremde; »jedem von euch mögen zwei freistehen.« Und dann stiegen sie in den Wagen, und die Häusler fuhren bei der Gelegenheit auch mit zur Kirche. Der Hofherr fuhr selbst; er beeilte sich nach Möglichkeit, um recht bald wieder zu Hause sein zu können. Dann würden er und seine Frau sich über ihre vier Wünsche verständigen. Sie könnten dann ja alles bekommen, was ihr Herz begehrte.

Sobald er die Fremdlinge und die Häusler an der Kirche abgesetzt hatte, ließ er sich denn auch keine Zeit, dem Gottesdienst beizuwohnen, sondern kehrte gleich um und peitschte auf die Pferde, um so rasch wie möglich nach Hause zu kommen. Aber da strauchelt das eine Pferd und zerreißt den Strang. »Den Henker auch!« sagt er, und er muß absteigen, um den Strang wieder zu befestigen. Dann fährt er wieder weiter. Aber es dauert nicht lange, da strauchelt auch das andere Pferd. »Hole euch beide der Teufel!« sagt der Mann. Und kaum hat er das gesagt, wupps, sind beide Pferde verschwunden, und er sitzt auf dem Wagen mit den Zügeln in der Hand. Es blieb nichts anderes übrig, als den Wagen stehen zu lassen und die Reise zu Fuß fortzusetzen. Der eine Wunsch war also in Rauch aufgegangen. Aber das nahm er sich nicht weiter zu Herzen, da er bedachte, daß ihnen noch drei Wünsche blieben. Sie konnten ja leicht so viele Pferde, wie sie wollten, und alle sonstigen guten Dinge dazu erhalten. Er marschierte also getrost auf der Landstraße dahin.

Mittlerweile geht die Frau im Haus umher und wartet und wartet. Sie sehnte sich von Herzen, daß ihr Mann kommen möge, damit sie mit dem Wünschen beginnen könnten. Sie geht hinaus und späht die Straße entlang; aber die Zeit verstreicht, und er kommt nicht. »Ach, wäre er doch da, der Nölpeter!« sagt sie, und in demselben Augenblick steht er vor ihr. »O weh!« sagte sie, »da hab ich den einen Wunsch verscherzt! – Aber du kommst ja angestiefelt wie ein rechter Bettler«, sagte sie; »wo hast du Wagen und Pferde gelassen?«

»Ja, das ist *deine* Schuld«, sagte der Mann; »ich habe meine Prachtpferde zur Hölle gewünscht. Es ist kein Glück bei solchem Betrug. Du warst es, die mir einblies, daß der Ochse vier Horner gehabt hätte. Mir wäre es schon recht, wenn dir die beiden erlogenen Hörner im Genick säßen!« Wupps, da saßen sie auch.

Jetzt hatten sie also drei von ihren vier Wünschen erfüllt bekommen, und es war nur noch einer übrig, welcher der Frau zukam. Da begann der Mann ihr freundlich zuzureden und sagte: »Liebes Frauchen! Wende jetzt deinen Wunsch gut an und wünsche uns einen ungeheuren Haufen Geld! Dann kann ja alles noch gut werden.«

»Nein, danke schön«, sagte die Frau, »und ich sollte dann bis an meinen Sterbetag mit den Hörnern herumlaufen!« Das wollte sie nicht, und so wünschte sie sogleich die beiden Horner zum Teufel. Die waren denn auch auf der Stelle fort. Aber die Hofbesitzer waren mit all ihren Wünschen nicht reicher, sondern nur um ein Paar gute Pferde ärmer geworden.

Peter Christian Asbjørnsen

Die kleinen Leute auf der Sandfläche

In ziemlicher Entfernung von der Vogtei Helgeland in Norwegen befindet sich im Meere eine Sandbank, welche den Namen Sandfläche führt: sie ist ausgezeichnet gut zum Fischfang gelegen, und wer dort sein Netz ausgeworfen hat, ist sicher, einen vortrefflichen Fang zu thun. Leider ist aber der Ort schwierig zu finden, da er immer seine Stelle verändert. Wenn man bei klarem und ruhigem Wetter an jener Stelle dahinfährt und sich ein wenig über den Rand des Bootes nach dem Wasser hinabbückt, erblickt man tief unten auf dem Grunde des Meeres einen Abdruck im Sande, wie wenn da ein Kiel eines großen Fahrzeugs gefahren wäre, und daneben eine Erhöhung von Stein in Gestalt jener hölzernen Blockhäuser, unter welchen die Fischer an jenen Küsten ihre Boote unterzubringen pflegen.

Diese Sandbank ist aber nicht immer unter der Oberfläche des Meeres gewesen. Denn vor alten Zeiten hatte ein reicher Landmann aus Helgeland sich hier ein Häuschen erbaut zum Schutz gegen Gewitter und Stürme während der Sommerfischerei, und zwar größer und besser, als dies sonst der Fall zu sein pflegt, so daß man damals diesen Ort mit Recht eine anmuthige Insel nennen konnte, und so soll man noch heute zu gewissen Zeiten dieselbe über dem Meeresspiegel erblicken. Wie dem auch sein mag, schon damals ist es auf jener nackten Insel nicht recht geheuer gewesen, denn Fischer und Reisende erzählten, daß, wenn sie an derselben vorbeikamen, sie Gelächter und Lärm, Musik und Tanz, Hämmern und Donnern mit anderem Geräusch und jenen Weisen gemischt vernahmen, welche die Schiffer, wenn sie ihre Fahrzeuge an Land ziehen, anzustimmen pflegen. Aus diesem Grunde fuhren sie auch gewöhnlich einen großen Bogen um die Insel herum, und es gab keinen Einzigen, der sagen konnte, er habe je eine lebendige Seele auf jener Insel erblickt.

Nun hatte jener reiche Bauer aber, von dem wir eben gesprochen haben, zwei Söhne; der eine hieß Hans Niclas und der jüngere Andreas der Glückliche. Aus dem Aelteren konnte niemand recht klug werden, denn es war ein schlimmer Geselle, mit dem Keiner auskommen konnte, und der sich auf seinen Vortheil noch besser verstand als seine übrigen Landsleute in Nordlanden, die doch sonst hierin auch nicht die Dümmsten zu sein pflegen. Der Andere, Andreas, war ein wilder und ausgelassener Bursche, aber immer guter Laune, der, es mochte noch so schlimm gehen, doch immer sagte, daß er das Glück auf seiner Seite habe. Das sagte er auch, wenn der Adler mit seinen Klauen ihm das Gesicht zerkratzte, daß das Blut in Strömen herunterfloß; kam er doch mit einem seiner Jungen nach Hause! Fand man ihn, was nicht selten geschah, mitten auf dem Meere sich an das umgestürzte Boot klammernd und von Nässe, Kälte und Anstrengungen ganz erschöpft, und fragte ihn, wie es ihm gehe, da sagte er: ziemlich gut, ich bin ja gerettet, das Glück ist immer bei mir!

Mittlerweile starb ihr Vater, als sie beide erwachsen waren, und es trug sich zu, daß sie sich auf jene Sandfläche begeben wollten, um einige Fischgeräte, welche sie im Sommer dort zurückgelassen hatten, zu holen. Indeß hatte Andreas seine Flinte bei sich, die er nie ablegte, er mochte fahren, wohin er wollte. Sein Bruder Niclas sprach unterwegs nur wenig, mag aber wohl desto mehr bei sich gedacht haben, und da es Spätherbst war, wo eigentlich die Sommerfischerei bereits zu Ende ist, brach die Dämmerung über sie herein, bevor sie mit der Arbeit fertig waren.

»Andreas, weißt Du was, es wird in der Nacht Sturm und Regen geben«, sagte Niclas und schaute gen Himmel, »es wird das Beste sein, wir bleiben hier bis morgen.« – »Keineswegs«, antwortete Andreas, »denn die sieben Schwestern* haben ihre Ne-

* Name eines Gebirgszugs mit sieben von einander getrennten Spitzen. Wenn diese von Nebel umgeben sind, ist dies in jener Gegend ein Zeichen von gutem Wetter.

belkappe aufgesetzt. Also vorwärts!« Niclas klagte aber über große Ermüdung, und so wurden sie doch zuletzt noch darüber einig, hier die Nacht über zu bleiben.

Als Andreas erwachte, war er allein; er sah weder seinen Bruder, noch ihr Boot, und erst als er den höchsten Punkt auf der Klippe erstiegen hatte, erblickte er es wieder, aber kaum noch so groß wie eine Möwe, dem Lande zusegelnd.

Unser Andreas konnte die Absicht seines Bruders nicht begreifen. Er sah, daß eine Kiste mit einigen Nahrungsmitteln, ein Fäßchen mit sauren Molken, seine Flinte und noch einige andere Geräte dalagen, und da es nicht seine Gewohnheit war, lange über eine Sache nachzudenken, so dachte er: Niclas wird schon bis zum Abend wiederkommen, nahm sich etwas zu essen aus der Kiste und rief: »Ein Schuft, wer den Muth verliert, so lange er noch etwas zu beißen hat!«

Aber es kam kein Bruder zur Nacht wieder. Andreas wartete Tag für Tag und Stunde für Stunde, und nun begriff er wohl, daß ihn sein Bruder absichtlich auf der öden Klippe zurückgelassen hatte, um das väterliche Erbe allein besitzen zu können. Und so war es auch; denn als Niclas auf der Rückfahrt in die Nähe des Landes gekommen war, ließ er das Boot mit Fleiß umschlagen und sagte, sein Bruder Andreas sei ertrunken!

Gleichwohl ließ Andreas den Muth nicht sinken, er fischte Treibholz an der Küste auf, schoß Seevögel, sammelte Muscheln und Angelikawurzeln, machte sich ein kleines Floß und angelte mit einer Fischruthe, die er gefunden hatte.

Eines Tages, als er hiermit beschäftigt war, erblickte er im Sande eine Vertiefung oder einen Eindruck, wie ihn der Kiel eines großen Fahrzeugs zu machen pflegt, und gewahrte auch die Spuren, welche Taue, mit welchen man das Schiff von See aus an Land zieht, zurücklassen. Nun dachte er, daß es keine Gefahr mehr für ihn habe und daß es wahr sei, was er schon öfters gehört hatte, daß die kleinen Leute von diesem Ort aus Schifffahrt zu treiben pflegten. »Gott sei Dank, für eine so gute Gesellschaft: das sind die richtigen Leute. Es ist doch so, wie ich immer gesagt habe, das Glück ist mit mir!« So dachte unser Andreas bei sich, vielleicht sagte er es auch, denn es war ein Bedürfnis für ihn, zuweilen ein Wort laut zu reden.

So verging der Herbst. Nun einmal sah er ein Boot; er band ein Tuch um eine Stange und winkte damit, allein sogleich ließ man das Segel herab und die Leute fingen an so schnell als möglich zu rudern, weil sie glaubten, es seien die kleinen Leute, welche ihnen winkten.

Jetzt kam der Weihnachtsabend, und auf einmal hörte er Violinspiel und Musik auf dem Meere und sah einen Lichtschimmer, der von einem großen Nordlandfahrer zu kommen schien, der nach dem Lande zu hielt. Das Fahrzeug aber war von der Art, wie ein solches wohl noch Niemand jemals gesehen hat. Es hatte ein einziges ungeheures Segel, und dieses schien von Seide zu sein, das Tauwerk war nicht dichter als der feinste Draht, und das ganze übrige Zubehör war so prächtig, wie es sich ein Nordländer nur irgend vorstellen konnte. Das ganze Schiff war voll von blaugekleideten kleinen Leuten, aber am Steuerruder stand ein weibliches Wesen, ganz wie eine Braut angezogen und so prächtig anzuschauen wie eine Königin, denn sie hatte eine Krone auf dem Haupte und kostbare Kleider an. Aber man konnte sehen, daß diese nicht zu dem kleinen Volke gehörte, denn sie war von hohem Wuchse und schöner als alle die Unterirdischen, und es schien dem Andreas, als habe er niemals ein schöneres Mädchen gesehen.

Das Schiff steuerte ans Land, wo Andreas stand, und dieser, schnell entschlossen, wie er war, lief in das Haus hinein, nahm seine Flinte von der Wand und kletterte zwischen die Dachbalken, wo er sich so versteckte, daß er Alles sehen konnte, was unten vorging. Hier sah er, wie es in der Stube bald von kleinen Unterirdischen wimmelte, und obgleich schon Alles voll von ihnen war, kamen noch immer mehrere hinein. Nun begann es in den Wänden zu knistern, und die Stube schien sich nach allen Enden hin auszudehnen, und sie wurde so herrlich ausstaffiert, daß es bei dem reichen Handelsmann nicht schöner aussehen konnte, sie schien in ein Königsschloß verwandelt zu sein. Nun wurden Tische gedeckt und mit den köstlichsten Speisen besetzt, und alle Teller, Schüsseln und Gefäße waren von purem Silber und Gold. Als man aber gespeist hatte, begann man zu tanzen.

Unterdessen kroch Andreas zu dem Rauchfang, der auf der einen Seite des Daches war, hinaus und kletterte hinab. Hierauf ließ er nach dem Schiffe, warf seinen Feuerstahl auf dasselbe hin, und zu größerer Vorsicht schnitt er mit seinem Messer ein Kreuz in das Verdeck. Als er zurückkehrte, war der Tanz noch im besten Gange, die Tische, die Stühle, die Bänke und Alles was in der Stube war, tanzte mitten unter den kleinen Leuten herum; nur Eine tanzte nicht, und diese war die Braut: sie saß ruhig da und sah zu, und wenn sie der Bräutigam zum Tanz aufforderte, stieß sie ihn von sich. Aber deshalb war kein Stillstand; der Spielmann nahm sich nicht einmal die Zeit Athem zu holen oder seine Geige zu stimmen, sondern er spielte immer mit der Linken fort, bis der Schweiß an ihm herabfloß und er sein Instrument vor Staub nicht mehr sehen konnte.

Als Andreas merkte, daß auch seine Füße sich zu bewegen anfingen, sagte er zu sich selbst: jetzt ist es an der Zeit, daß ich losbrenne, sonst spielt er mich noch zum Hause hinaus! Er drehte also sein Gewehr um, steckte es durch das Fenster und schoß es über den Kopf der Braut ab, aber verkehrt, so daß die Kugeln rückwärts gingen. In demselben Augenblicke, wo der Schuß losging, stürzten die kleinen Leute über einander weg zur Thüre hinaus; als sie aber sahen, daß das Schiff gebannt war, jammerten sie laut und krochen durch ein Loch in den Berg hinein. Aber all das Silber- und Goldgeschirr blieb da und die Braut auch, und es war, als wäre sie jetzt zu sich gekommen.

Sie erzählte nun unserem Andreas, sie sei, als sie noch ein Kind war, von den Unterirdischen im Gebirge gefangen worden. Als nämlich einmal ihre Mutter um die Kühe zu melken hinauf auf die Trift gegangen war, hatte sie sie mitgenommen, aber als sie wieder umkehrte um etwas Vergessenes zu holen, auf dem Heidekraut unter dem Wacholderbusch liegen gelassen und ihr gesagt, sie möge nur indessen Beeren pflücken und dazu sprechen:

Ich esse Wacholderbeeren blau
Mit Jesu Kreuz zur Schau;
Ich esse Preiselbeeren roth
Mit Jesu Pein und Tod!

Als ihre Mutter weg war, fand sie so viele Beeren, daß die den Spruch vergaß, und darum ward sie von den Unterirdischen gefangen. Sie hatte auch sonst weiter keinen Schaden dabei, als daß sie das oberste Glied an dem linken kleinen Finger verlor, und es ging ihr ganz gut und wohl bei den kleinen Leuten, wie sie sagte, aber es kam ihr vor, als wäre es nicht, wie es sein sollte, es war ihr immer, als wenn ihr etwas fehle, und sie hatte viel von dem kleinen Manne auszustehen, der sie zur Frau haben wollte.

Als Andreas hörte, wer ihre Mutter und wo sie her war, wußte er auch, daß sie von seinem Stamme war, und so wurden sie bald miteinander vertraut. Nun konnte Andreas der Glückliche mit Recht sagen, daß das Glück mit ihm sei. Sie nahmen nun das Schiff und alles Gold und Silber und Kostbarkeiten, die in dem Hause geblieben waren, so daß Andreas jetzt viel reicher als sein Bruder war, und fuhren damit nach Hause. –

Niclas aber hatte eine Ahnung, wo der Reichtum her sei, und er nahm sich vor, er wolle ebenso reich werden. Da er nun wußte, daß die Unterirdischen und bösen Geister um Weihnachten herum draußen sind, begab er sich um diese Zeit auf die Sandbank. Er sah auch am heiligen Abend Feuer und Licht, aber es war wie Meeresleuchten: als es näher kam, hörte er ein starkes Plätschern, fürchterliches Geheul und grausenerregendes Aufschreien und es kam ihm ein widerlicher Geruch vom Meeresstrande entgegen. Voll Angst lief er in das Haus hinein und sah von hier die Meeresgeister am Ufer. Sie waren kurz und dick wie Heuschober, trugen lederne Sackpaletots, wie die nordländischen Fischer Wasserstiefel und große Fausthandschuhe, die fast bis auf die Erde herabhingen; statt Kopf und Haar aber hatte sie bloß einen Klumpen von Seetang. Als sie den Strand hinaufkrabbelten, leuchtete es hinter ihnen wie wenn man Birkenrinde anzündet, und wenn sie sich schüttelten, sprühten Feuerfunken aus ihnen hervor. Als sie näherkamen, kroch Niclas, gerade wie sein Bruder gethan hatte, unter die Dachbalken. Nun schleppten die Geister einen ungeheuren Stein in das Haus und begannen ihre Handschuhe an demselben trocken zu schlagen, und hin und wieder brüllten sie dazu, so daß es Hans Niclas kalt wie Eis überlief. Darauf nieste einer von ihnen auf den Heerd, und plötzlich stand dieser in Brand, während die Uebrigen Heidekraut und Triebholz herzutrugen, das so hart und so schwer wie Blei war. Nun begannen aber der Rauch und die Hitze unseren Niclas, der zwischen dem Gebälk steckte, sehr unangenehm zu werden; er versuchte also an die frische Luft zu kommen und wollte zum Rauchfang hinauskriechen: da er aber beleibter als sein Bruder war, blieb er darin stecken, so daß er weder vor- noch rückwärts konnte. In seiner großen Angst fing er an zu schreien, aber die Meergeister schrien noch mehr und tummelten sich herum und klopften unter Schreien und Heulen sowohl in als außer dem Hause. Erst mit dem Hahnschrei verschwanden sie und da kam auch Niclas wieder los.

Als er hierauf von seiner Reise nach Hause zurückkam, war er nicht mehr recht bei Sinnen, und seit der Zeit hörte man oft auf dem Boden und in der Scheune, wo er war, dasselbe düstere, grausige Geschrei, welches man in den Nordlanden den Meergeistern zuschreibt. Indeß kam er vor seinem Tode wieder zu Verstande und soll auch in geweihter Erde begraben worden sein.

Doch hat seit dieser Zeit Niemand wieder die Sandbank betreten, denn sie ist ins Meer hinabgesunken und man glaubt, daß die kleinen Leute von da weg auf die Lekanklippen gezogen sind.

Andreas dem Glücklichen aber ging es immer gut; kein Nordlandsfahrzeug machte glücklichere Reisen als die seinigen; jedesmal aber, wenn er nach den Lekanklippen kam, entstand eine Windstille, denn die kleinen Leute, welche immer ungesehen mitfuhren, brachten ihre Waaren entweder hier an Bord oder führten, was sie in Bergen für diese eingetauscht, hier ans Land, und alsbald erhob sich dann ein günstiger Wind, der unseren Andreas entweder nach Bergen oder nach Hause brachte. Er hatte mit seiner Frau viele muntere Kinder, aber allen fehlte das letzte Glied am kleinen Finger.

Ketil von Silfrunarstad

In längst vergangenen Zeiten wohnte auf Silfrunarstad im Skagefjord ein Bauer, dessen Name nicht bekannt ist. Dieser Bauer hatte viele Schafe; es war aber auch ein Boden da, der sich ausgezeichnet zur Schafzucht eignete. Er ließ sein Vieh gern vorn auf dem Berg an der Bessehütte grasen, manchmal jedoch auch weiter entfernt, und es verging eine lange Zeit, ohne daß sich etwas Merkwürdiges zutrug, und er wohnte jahrelang ganz ruhig dort.

Da geschah es eines Weihnachtsheiligabends, daß die Herde des Bauern auf dem Nachhauseweg am Grimshöi vorbeitrieb, und er erwartete, daß sie jeden Augenblick käme. Er pflegte dem Hirten immer selbst beim Hereinlassen der Schafe behilflich zu sein; daher ließ er Auslug nach ihnen halten, und eine ganze Weile später, als er annahm, daß sie jetzt nach Hause gekommen sein müßten, ging er selbst hinaus; die Schafe waren aber nicht gekommen, sondern immer noch auf demselben Fleck zu sehen. Da sandte der Bauer Leute hin, die die Schafe heimwärts treiben sollten, der Hirt aber war nirgends zu finden, und die Nacht verging, ohne daß er nach Hause kam. Der Bauer mußte deshalb jemand anders die Aufsicht über die Schafe halten lassen. Man suchte nun nach dem Hirten, er war aber nirgends zu entdecken. Zu Anfang hatte man allerlei Vermutungen über sein Verschwinden, aber es kam so, daß die Leute allmählieh weniger davon sprachen, wie es ja immer der Fall zu sein pflegt, wenn eine Zeit vergangen ist.

Nun ereignete sich nichts bis zum nächsten Weihnachtsfest. Am Heiligabend aber, als das Vieh auf dem Nachhauseweg am Grimshöi vorbeisollte, blieb es dort stehen, und es ging dort auf dieselbe Weise wie im Jahre zuvor zu. Der Bauer war sehr bekümmert darüber und machte sich allerhand Gedanken über das Verschwinden seiner Hirten. Das Gerede über all dies begann von neuem, und man fand, es ginge nicht mit rechten Dingen zu; nur wenige wollten die Schafe des Bauern hüten, und es fiel ihm sehr schwer, Leute für seinen Dienst zu finden.

Im Frühjahr aber trat ein junger Mann in seinen Dienst, der Ketil hieß; er war achtzehn Jahre alt und hatte Kraft und Mannesmut in der Brust. Im Herbst übernahm er das Hüten der Schafe und trieb sie auf die Weide, wie es früher geschehen war. Es ging auf Weihnachten. Am Tage des Heiligabends war das Wetter schön und Ketil trieb seine Schafe auf die Wiese wie sonst. Der Bauer beabsichtigte nun, genauer aufzupassen, wenn sie nach Hause kämen und sobald es sich tun ließ, nachzusehen, wie es dem Hirten ginge. Als es anfing zu dunkeln, ging also der Bauer aus dem Hause hinaus und schaute nach den Schafen aus; als er aber nichts von ihnen sehen konnte, ging er wieder hinein. Nach Verlauf einer kurzen Zeit aber kam er wieder heraus, und da waren die Schafe an den Grimshöi gekommen. Sofort ging er hin, Ketil aber war nirgends zu sehen. Das war ein harter Schlag für den Bauern, denn es gefiel ihm nicht besser, Ketil zu verlieren als die andern. Er glaubte denn auch felsenfest, daß es in Zukunft keiner mehr unternehmen würde, seine Schafe zu hüten.

Von Ketil aber ist zu erzählen, daß er, als der Tag ziemlich verstrichen war, seine Schafe in einer großen zerstreuten Trift am Felsenabhang entlang nach Hause trieb. Als er in die Nähe von Grimshöi gekommen war, sah er eine übermenschlich große Gestalt aus einem Einschnitt, der sich unten im Berg, gegenüber dem Hof von Silfrunarstad, befindet, heraustreten; dort ist nämlich ein kleiner Felsen gleichsam vom Felsen losgerissen, welche Öffnung »Die Schlucht« genannt wird. Das Ungeheuer nahm die Richtung auf die Schafe zu, die sich ängstlich um Ketil scharten. Er sah jetzt, daß es ein unglaublich großes Trollweib war. Es rief Ketil an und bat ihn um ein Schaf für das Fest. Ketil fand die Sache etwas schwierig, und er erzählte ihr, daß die Schafe nicht ihm gehörten, er hätte nur ein Schaf, das ein paar Tage alte Lämmer bei sich hätte; die zeigte er ihr und sagte ihr, daß sie diese nehmen könnte, wenn sie wollte. Sie brauchte nicht lange Zeit, um sie einzufangen, band sie an den Hörnern zusammen und warf sie über die Schulter. Dann fuhr sie auf Ketil zu, nahm ihn in ihre Arme und kehrte denselben Weg, den sie gekommen war, zurück. Als sie aus der Schlucht heraufgekommen war, ging sie an dem Berge entlang und machte große Schritte. Ketil sah ein, daß es ihm nichts nützte, wenn er auch zappelte, außerdem konnte er sich kaum bewegen. Sie setzte ihren Weg fort, bis sie an die Kluft in der Nähe des Bolstadbaches gekommen war, an einen großen Wasserfall, der dort unten im Berge ist. Diese Felsenkluft ist beinahe ungangbar. Dort stieg das Trollweib hinab in ihre Höhle unter dem Wasserfall. Sie ließ Ketil los und warf ihre Bürde auf den Boden. Sie bat Ketil, die Schafe zu schlachten und zuzubereiten; mit ihnen wollte sie, wie sie sagte, einen Weihnachtsschmaus für ihn und sich selbst halten. Sie setzte einen Kessel aufs Feuer und kochte das Essen eiligst. Darauf fing sie an, mit großer Gier zu essen und ließ Ketil mitessen. Sie erzählte ihm, daß sie die Ursache wäre, daß die Hirten von Silfrunarstad verschwänden, und daß sie die beiden vorigen Jahre hintereinander am Heiligabend zu ihnen gekommen wäre und sie gebeten hätte, ihr ein Schaf zu schenken, aus dem sie ihr Heiligabendessen bereiten könnte. Sie hätten ihr aber nur mürrische Antworten gegeben und sie tüchtig ausgescholten, und darum hätte sie sie in Behandlung genommen. Nun hätte aber er freundlich ihre Bitte erfüllt, und er würde ein sehr glücklicher Mann werden, da er doch weniger als einer der beiden andern zu verschenken gehabt hätte. Sie erzählte ihm, daß im Hornung sein Hausherr entschlafen würde; dann sollte er den Hof übernehmen und sich im nächsten Frühjahr auf ihm ansiedeln. Ketil aber sagte, daß er keinesfalls den Hof übernehmen könne, denn erstens wären die Felder groß und schwierig, und dann hätte er auch kein Geld. Außerdem fehle ihm eine Wirtschafterin und Hofgesinde. Sie aber sagte, daß er schon Geld in die Hand bekommen würde; denn binnen einem Monat würde sie sterben, und dann würde er alles erben, was in ihrer Höhle an Goldeswert wäre, und so würde es ihm nicht an Geld fehlen, um sich auf Silfrunarstad anzusiedeln.

Darum aber wollte sie ihn bitten, sagte sie, daß er in einem Monat nach ihr sehen und ihren Leichnam dort vorn in den Wasserfall legen solle, wenn es ihm möglich wäre. Sie sagte, daß das Eigentum seines Hausherrn im darauffolgenden Frühjahr verkauft werden würde, er solle davon kaufen, was er brauche, und Geld zum Bezahlen solle er sich aus ihrer Höhle holen. Er solle dasselbe Gesinde dingen, das jetzt auf Silfrunarstad diene, und dann solle er um die Tochter des Pfarrers auf Havsteenstrand freien. Ketil fand jedoch, daß das ein wenig glücklicher Rat sei, er war ja ein armer, ungebildeter Mensch. Sie bat ihn, keine Angst davor zu haben. »Und hier ist ein Gürtel,« sagte sie, »den sollst du ihr um die Hüften legen. Er hat die Eigenschaft, daß sie Liebe zu dir faßt, wenn sie ihn um hat, und dann wird alles gut gehen.« Der Gürtel war aber auch ein seltener Schatz.

Ketil wollte nun nach Hause ziehen; denn er glaubte, daß sich sein Hausherr sicher über seine Abwesenheit gräme. Die Riesin aber sagte, daß das nichts zu sagen habe und bat ihn, bis zum nächsten Morgen zu bleiben, und er fügte sich darein. Am nächsten Morgen begleitete sie ihn aus dem Wasserfall hinaus, zeigte ihm, wie man in die Höhle gelangen könne und ließ es ihn selbst versuchen, was ihm auch gut gelang. Darauf bot sie ihm Lebewohl und sagte dann, daß sie beide sich nicht häufiger sehen würden; sie wünschte ihm alles erdenkliche Glück und sagte, daß ihm die meisten Dinge nach Wunsch geraten würden, und daß dies der Anfang seines Glückes sei. Sie trennten sich unter großer Freundlichkeit; sie ging in ihre Höhle zurück, er aber beeilte sich, so sehr er konnte, um sein Heim zu erreichen.

Dort lag der Bauer zu Bett, so nahe war ihm das Verschwinden Ketils gegangen. Als aber Ketil nun kam, waren alle froh, besonders der Bauer, der gleich aus dem Bett stieg und glaubte, er hätte ihn aus der Hölle selber zurückerhalten. Er fragte Ketil, was denn seine Abwesenheit verschuldet hätte. Davon aber wollte Ketil nicht viel sprechen, und er erzählte weder von der Riesin, noch von ihrer Höhle. Dann hütete Ketil die Schafe wie zuvor.

Nach Verlauf eines Monats ging er in die Höhle hinein. Da fand er die Riesin tot. Ketil hatte Feuerzeug mit, zündete Licht an und trug ihren Leichnam aus der Höhle hinaus, und er erzählte später, daß er nie zuvor solch eine Kraftprobe bestanden hätte. Dann untersuchte er die Höhle und fand großen Reichtum an allerlei kostbaren Sachen und Gold. Er ließ aber vorläufig alles liegen.

Im Hornung wurde der Bauer krank, und nachdem er einen halben Monat zu Bett gelegen hatte, starb er. Da verlangte Ketil den Hof in Pacht, erhielt aber eine unwillige Antwort; denn der Eigentümer hielt es für die größte Torheit, ihn an ihn zu verpachten, jedoch gab er ihn auch keinem andern in Pacht. Es ging nun auf das Frühjahr, und die Erben verkauften das meiste der Einrichtung auf Silfrunarstad; Ketil kaufte einen großen Teil davon und bezahlte gleich bei der Zuteilung. Er hatte schon den größten Teil des Gesindes auf dem Hof gedungen, und nun fiel es ihm leicht, ihn zu pachten.

Im Frühjahr zog er nach Havsteenstad, wo er zum erstenmal mit der Tochter des Pfarrers zusammentraf; er gab ihr den Gürtel und legte ihn ihr um. Darauf brachte er sein Anliegen vor, daß er dorthin gekommen wäre, um um ihre Hand zu freien. Sie schien dem Manne hübsch und hoffnungsvoll, und da nun der Gürtel die Liebe in ihrer Brust entfachte, so versprach sie ihm ihr Ja, wenn ihr Vater seine Einwilligung dazu geben würde. Da trug Ketil dem Pfarrer sein Anliegen vor und bat ihn um seine Tochter. Der Pfarrer erwiderte sehr kühl darauf, und man merkte wohl, daß er fand, daß Ketil seiner Tochter nicht ebenbürtig sei, er, der nur schlecht und recht ein Bauer war. Weil aber Ketil nun reicher geworden war, als man früher glaubte und er sonst ein kluger und besonders tüchtiger Mann war, ließ sich der Pfarrer schließlich überreden, seine Einwilligung zu geben, daß sie ihm für diesen Sommer als Wirtschafterin nach Hause folgte; und darüber wurden sie dann einig.

Ketil zog nun mit der Pfarrerstochter nach Hause, und sie wurden im Sommer gut miteinander fertig. Im Herbst kam ihr

Vater, und das Ende der Beratung war, daß Ketil sich mit der Tochter des Pfarrers verlobte, und im Herbst wurde ihre Hochzeit mit großer Pracht gefeiert. Sie liebten sich sehr und wohnten auf Silfrunarstad bis in ihr hohes Alter. Ketil hatte Glück in allem und wurde ein schwer reicher Mann, so daß niemand sich erinnern konnte, daß je ein so reicher Mann auf Silfrunarstad gewohnt hätte. Er hatte ja auch keinen Mangel an Geld aus der Höhle der Riesin, so lange er sein Heim in Ordnung brachte, und er richtete sich in jeder Hinsicht nach ihrem Rat. Diese Erzählung hörte man aus seinem eigenen Munde, als er ein alter Mann geworden war. Lange hatte sie sich später im Gedächtnis der Leute erhalten und sich von Mann zu Mann fortgepflanzt.

Heinrich Noë

Rauhnacht-Abenteuer

Nahe am Fuße der hohen Kampenwand, die so breitbogig über den Chiemsee schaut, steht ein Bauernhof, von dessen Besitzer mir einst eine abenteuerliche Geschichte erzählt wurde, welche Licht auf Brauch und Meinungen des Volkes in den Bergen wirft.

Am heiligen Christabend saß der Bauer, das heißt der Großvater des Genannten, in seiner Stube und unterhielt sich mit den Knechten über Dinge, welche an Winterabenden gern besprochen werden, über Geister und Hexen, Teufel und Gespenster. Dabei war auch die Rede von Begegnungen, welche man zur Nachtzeit mit Unbekannten haben könne und wie gefährlich es mitunter sei, sich mit Gestalten einzulassen, welche plötzlich irgendwo auf rätselhafte Weise auftauchen. Insbesondere ging die Rede davon, wie bedenklich es sei, in der heiligen Nacht auf die Jagd zu gehen. Denn in dieser Nacht, in welcher Milch und Honig fließt und auch die Tiere reden können, liegt eine Weihe über allem Geschaffenen, welche eine Verletzung des Lebendigen zum Frevel macht. Wer dergleichen aber dennoch unternahm, der ist schlecht weggekommen oder hat gar über seinem Tun das Leben verloren. So habe einstmals, erzählte der Bauer seinen Knechten, einer in der heiligen Nacht, während die anderen Hausgenossen in der Mette waren, zum Fenster hinausgeschaut. Es lag Schnee, und der Mond schien so licht auf dem weißen Felde, daß man weithin alles wie bei Tage sehen konnte. Da erblickte er einen Hasen, der ganz nahe vor dem Haus herumlief. An der hölzernen Wand neben der Uhr hing das geladene Gewehr – was war also natürlicher, als daß der Bursche das Gewehr packte, sich ganz leise zum Hause hinausschlich und den Hasen anpürschen wollte.

Er war kaum aus dem Haus, so erblickte er vor sich einen

zweiten, gleich darauf einen dritten, im nämlichen Augenblick einen vierten, fünften Hasen und so fort, bis mit einem Male alles, soweit das Auge reichte, von Hasen bedeckt war.

Wie der Bursche das sah, standen ihm die Haare zu Berge. Halb lahm vor Entsetzen begab er sich ins Haus zurück, ohne daran zu denken, das Gewehr abzuschießen. Bei diesem Rückzug verlor er im Schnee einen Schuh, und dieser Schuh war die einzige Spur, welche von dem Abenteuer übrigblieb. Denn als er den aus der Kirche Zurückgekehrten die Geschichte erzählte, glaubten diese nichts davon bis zum Morgen, an welchem sie im Schnee den Schuh entdeckten, doch keine einzige Fährte von Hasen.

Der Knecht, welchem der Bauer diese absonderliche Hasengeschichte erzählte, fühlte sich dadurch nicht sehr erbaut. Er schüttelte den Kopf schon während der Berichterstattung, und als sie vollendet war, platzte er mit folgender Bemerkung heraus: »Der Mensch muß recht arg betrunken oder schlafsüchtig gewesen sein, wenn er sich solche Sachen hat träumen lassen. Am Ende war er gar von der Mondsucht befallen. Mir leuchtet das nicht ein, was da geschehen sein soll.«

»Glaubst du auch nichts von den Hexenstühlen und wie die Hexen einen zurichten können in der heiligen Nacht?« sagte der Bauer, ein wenig verärgert über den Widerspruch des Knechtes.

Dieser aber antwortete: »Ich hab auf solche Dummheiten nie aufgepaßt. Überhaupt glaub ich an gar nichts, was ich nicht selber sehen oder mit der Hand greifen kann.«

»Was ist denn das eigentlich mit den Hexenstühlen?« fragte ein anderer Knecht, der bisher mit offenen Munde zugehört hatte. »Erzählt uns etwas davon, denn zum Kirchengehen ist es ohnehin noch viel zu früh.«

Der Bauer, der einmal im Zuge war, besann sich nicht lange, stopfte sich eine frische Pfeife und zündete sie an. Dann nahm er einen Schluck Schnaps, der für das Gesinde auf dem Tisch stand, und begann folgendermaßen: »Ihr wißt ja doch alle, daß die Leute, die sich mit den Hexen einlassen wollen, sich zuerst einen

Stuhl verschaffen müssen, der aus neunerlei Gattungen von Nadelholz zusammengesetzt ist. Auch habt ihr schon davon gehört, daß dieser Stuhl gemacht werden muß, während am Sonnwendtag die Feierabendglocke geläutet wird. Weil es bekannt geworden ist, daß mit Hexengeschichten so viel Unfug getrieben wird und daß so viele Leute durch ihren Fürwitz ins Unglück kommen, so hat man auch jenes Feierabendgeläut abgekürzt, so daß am Sonnwendtag weniger lange geläutet wird als an anderen Tagen. Und wie rachsüchtig die Hexen sind, davon habt ihr gehört?«

Anstatt der Antwort lachte ihm der Knecht ins Gesicht. Den Bauern aber wurmte es, daß dieser Knecht in Gegenwart der anderen Dienstboten sich so über das Gesagte lustig machte. Etwas barsch entgegnete er: »Mir sind schon viele untergekommen, die auch getan haben, als wenn sie nichts glaubten und sich vor nichts fürchteten. Wenn aber Gespenstergeschichten erzählt wurden, so haben sie sich doch kaum getraut, die Füße unter die Bank zu halten. Große und baumstarke Burschen habe ich schon gesehen, mit denen es so beschaffen war.«

Diese offene Anspielung stachelte den Knecht auf. Rasch erhob er sich von der Bank und rief dem Bauern zu: »So stell mich halt auf die Probe! Da müßte sich doch mein Vater noch im Grabe umdrehen, wenn ich nicht mehr Schneid hätte, als du mir zumutest.«

»Es gilt«, sagte der Bauer, »du kriegst von mir die beste Kuh im Stall, das Resei, das Blümei oder das Scheckei, welche du nur willst, wenn du heute nacht das tust, was ich dir sage. Aber ich bitte mir aus, daß es heute nacht geschieht, heimkommen kannst du, wann du magst.«

»Ich tu's ohne weiteres«, sagte der Knecht. »Mag's sein was nur immer, ich vollbring's.«

Der Bauer antwortete ihm in feierlichem und langsamem Ton: »Ich sag dir's noch einmal, du kannst dir die Kuh aussuchen, wie du willst, wenn du mir von der Voralpe den Milchseiher heute nacht herabbringst.«

»Gut Bauer, ich hol dir deinen Milchseiher«, sagte der Knecht. Darauf wurde nicht viel mehr gesprochen.

Ganz unverzagt schritt der Knecht in die winterliche Nacht hinaus, durch welche aus verschiedenen Höfen Lichter glänzten, denn selbst der Ärmste ehrt diesen Festabend wenigstens durch eine Talgkerze.

Nicht gerade schnell, aber gleichmäßigen Schrittes, wie es bei Gebirgsleuten der Brauch ist, schritt er gegen den Berg hinan und hatte in kurzer Zeit eine ziemliche Höhe erreicht. Da begegnete ihm plötzlich ein Mann, der als Jäger gekleidet war, ihn begrüßte und mit offenbarer Neugier fragte, wohin er denn heute abend noch gehe. Der Knecht hielt es nicht für notwendig, ihm den eigentlichen Zweck seines Nachtwandelns auseinanderzusetzen, sondern sagte kurzweg, er müsse noch auf die Alpe gehen. Der Jäger bat um einen Gefallen. In einer am Bergwald liegenden Hütte solle er die geschichteten Wildhäute wenden; der Lohn dafür läge hinter der Tür. Der Knecht versprach das zu besorgen und setzte seinen Weg fort. Er selbst stieg bergauf, der Jäger aber wandte sich dem Tal zu. Während der Knecht so im Schnee weiterschritt, kam ihm das Abenteuer nach und nach überaus seltsam vor. Er war in der Gegend aufgewachsen, kannte alle Wege und Stege auf den Bergen, vermochte sich aber doch nicht an eine Hütte zu erinnern, die an der Stelle stehen sollte, welche der Fremde beschrieben hatte.

Die Nacht war ziemlich kalt, und in der Schnee-Einsamkeit der Berge wurde kein Laut vernehmbar als die Tritte seiner Füße, unter welchen der Schnee kreischte. Die Wälder ragten als weiße Mauern am Gesichtskreis, die Sterne flimmerten in vielfarbigem Licht.

Er war bereits ungefähr drei Stunden auf dem Weg, als er den Rand des Waldes erreichte. Hier nun steigerte er seine Aufmerksamkeit, um die Hütte und den Baum vor ihr nicht zu übersehen. Da stand richtig alles, wie es ihm beschrieben worden war. Er wendete die Rehdecken und suchte dann nach dem versprochenen Lohn, fand aber nichts als einen Haufen Tannenzapfen, deren einen er einsteckte, um ihn den Kindern des Bauern mitzubringen. Er verschloß die Hütte, hing den Schlüssel an den Baum und ging weiter.

Endlich sah er die Almhütte vor sich. Diese war beleuchtet und bewohnt, welch ersteres durch die obere Tür zu erkennen war, die geöffnet stand – etwa eine halbe Mannshöhe über dem Boden, wie man es im Sommer an den Sennhütten sieht, aus welchen durch diese Öffnung der Rauch herausgelassen wird. Unerschrocken und keineswegs durch die Unerhörtheit dieses Schauspiels einer in der Weihnachtsnacht beleuchteten Alphütte zurückgescheucht, wollte der Bursche eben die untere Tür öffnen, als ihm die Sennerin wie eine Wildkatze entgegensprang. Sie grinste ihn an und fragte ihn höhnischem Tone: »Hast du die Kuh schon?«

»Ja, wenn ich den Milchseiher herunterbringe, dann habe ich die Kuh«, entgegnete der Bursche ruhig. Darauf packte die Sennerin den Knecht und warf ihn in einem Nu den Abhang hinunter, auf welchem die Hütte stand. Es verging eine Weile, bis er sich aufraffen und den Schnee aus den Augen reiben konnte. Aber einmal ist keinmal, und so machte er sich noch einmal auf den Weg zur ingrimmigen Sennerin. Wenige Augenblicke nachdem er sich den Schnee von den Kleidern abgeschüttelt hatte, begann der vorige Auftritt von neuem. Die Sennerin tat die nämliche Frage; der Bursche gab die nämliche Antwort und flog auch richtig wieder gerade so über die Berglehne hinab. Aller guten Dinge sind drei, dachte er bei sich, klopfte den Schnee von seinem Wams und versuchte es zum dritten Male.

Diesmal aber kam es anders. Die Nachtsennerin war zahm geworden und übergab ihm den Milchseiher ohne weiteres, ja bedankte sich noch bei ihm, zog ihn ans Feuer und erzählte ihm ihre Geschichte. Aus dieser aber war Folgendes zu entnehmen. Sie befand sich dermalen als Gespenst in der Sennhütte, und zwar als ein solches, welches dorthin seit dem Tod des lebendigen Körpers zur Pein und Strafe gebannt worden war. Während ihrer Lebzeit hatte sie ihre Arbeit als Sennerin sehr liederlich verrichtet und mit der Milch und anderem Erzeugnis der Alpe gewissenlos und verschwenderisch gewirtschaftet. Sie vernachlässigte das Vieh, beeinträchtigte den Eigentümer und beherbergte ihre Liebhaber. Für diese Verbrechen wurde sie nach ihrem Tode in eine Nachtsennerin verwandelt, das heißt in ein Gespenst, welches sich während der Winterzeit auf der Alpe aufhalten und alle Dienste verrichten muß, welche früher schon hätten geleistet werden sollen. Nunmehr aber war sie durch den Burschen erlöst.

Nach dieser Aufklärung verschwand die unheimliche Gestalt. Die Hüttentür, die soeben noch offen gewesen war und das Feuer des Herdes auf den Schnee hatte hinausleuchten lassen, war mit einem Male gesperrt, das Feuer selbst erloschen, und überhaupt schaute die Alphütte so aus wie jede andere während der Winterszeit. Der Knecht kehrte nach Hause zurück, lieferte das Milchsieb ab und berichtete beim Frühstück von seinen Erlebnissen. Kein Mensch kannte die Hütte, in welcher die Wildhäute gelegen sein sollten. Als der Knecht aber zur Bestätigung den Tannenzapfen hervorziehen wollte, den er mitgenommen hatte, da fand es sich, daß es ein Zapfen von Gold war. Eine Viertelstunde später waren weder Bauer noch Knechte mehr im Hause, sondern alle miteinander fortgegangen, um die Hütte mit dem goldenen Schatz zu finden. Der Wind hatte die Spuren ihres Vorgängers im Schnee noch nicht verweht. Andere Spuren aber wurden nicht angetroffen trotz aller Fragen, mit denen sie den Gewinner der Kuh bestürmten. Man fand weder die Fußstapfen des fremden Jägers noch die Hütte. Und damit schließt das Abenteuer, welches dem Bauern in der Nähe der Kampenwand sein Großvater erzählt hatte.

Der Wicht vom Heidegrab

Es war einmal ein kleiner Wichtelmann, der wohnte ganz hinten in der Lüneburger Heide, da wo sich die Hasen und die Füchse gute Nacht sagen. Sein Haus war das große graue Steingrab, das zwischen zwei stacheligen Machangelbüschen am Heidbrink lag, und das kleine gelbhäutige Fischer und Imker vor vielen tausend Jahren für ihre Könige aufgebaut hatten.

Da wohnte der kleine Brummerjahn schon viele viele hendert Jahre ganz muttermauseseelenallein. Wenn es Sommer war, dann schleppte er tief aus der Erde seine Schätze und breitete sie auf den dunkelgrünen Moospolstern aus, die unter den hellgrünen Ranken der Krähenbeere wucherten, umrahmt von lauter grauen, rotköpfigen Flechten.

Es sah putzig aus, wenn der Kleine auf seinen Entenfüßchen umherwatschelte und in seiner grauen Schleppkutte die Flußperlen, Silberstückchen, Goldmünzen, Bronzeringe und Bernsteinkugeln aus dem Steingrabe hervorholte. Und hatte er sie dann auf dem Moosrasen ausgebreitet, und alle das blanke und bunte Zeug flimmerte und glimmerte, glitzerte und blitzerte in der Sonne, dann juchte er vor Vergnügen, hopste hin und her, daß die Schleppe von seinem grauen Röckchen nur so flog, und warf sein rotes Zipfelmützchen hoch in die Luft, hoch über das Heidekraut. So stark war der kleine Mann.

Er lebte sehr, sehr einsam, der kleine Wicht. Da war wohl ein Steinschmätzerpaar, das in dem Steingrabe nistete, aber diese Herrschaften waren ihm zu wibbelig und zu kribbelig und er verkehrte nicht mit ihnen. Auch nicht mit den grünen Eidechsen, die durch das Heidekraut wischten; sie waren ihm nicht ernst genug. Auch die braunen Mäuse waren nicht seine Freunde. Das war Pöbel, der sich fortwährend zankte und laut quiekte.

Aber der Rank, der alte einsame Kolkrabe, der schon seit siebzig Jahren Witwer war, und die uralte Schnake, die verwitwete Kreuzotter, das waren Pucks Freunde. Die redeten nicht immer von Liebe, wie das andere Volk auf der Heide, die waren gesetzt und vernünftig. Denn von Liebe mochte der Wicht nichts hören. Als er jung war vor zweitausend Jahren, da hatte er sich einmal sehr verliebt. In ein kleines Wollgrasnixchen aus dem Bruch. Er hatte ihr fünfzig Jahre lang den Hof gemacht, hatte ihr Blumen und Waldfrüchte, Perlen und Edelsteine gebracht, hatte Lieder zu ihrem Lob gesungen und abends vor ihrem Häuschen Musik gemacht auf einem Heuschreckenbein. Aber als er sie freien wollte, da hatte sie ihn ausgelacht und ihm gesagt, er solle sich unter den Krickenten vom Moor eine Braut suchen, die hätten gerade Patschpatschfüße wie er.

Da war er traurig weggegangen zu der alten Eiche, aus deren Rindenriß schäumender Meth floß. Da verkehrte eine liederliche Gesellschaft von durstigen Brummfliegen, Admiralen, Trauermänteln, Hornissen und Hirschkäfern. Vier Wochen hatte er da herumgesumpft, hatte jeden Morgen einen gräßlichen Kater gehabt und jeden Abend einen Rausch. Und als der Meth nicht mehr floß und die lustigen Zechbrüder alle davonflogen, da wanderte er in die Unterwelt und trank Minne mit den Erdzwergen, den Leuten mit den toten Herzen, und blieb da solange, bis sein Herz abgestorben war.

Das war nun schon schrecklich lange her. Aber der Wicht dachte in jedem Frühling wieder daran, wenn die Birkhähne balzten, wenn die Dullerchen lullten, wenn der Pieper sang und abends aus dem Dorfe da hinter der Heide Lachen und Singen und Juchen zu ihm herüberklang. Dann zog er seine Runzelstirn in viele hundert Falten, schimpfte mit den Steinschmätzern, die sich verliebt um das uralte Grab jagten, brummte mürrisch, wie eine alte Erdhummel und saß brummig, wie ein Maulwurf, unter der jungen Tanne, die vor dem Eingang zu seinem Steinhause wuchs.

Vor einigen Jahren war es gewesen, da hatten da drüben hinter dem Moor in den struppigen Sonnenschichten hundert rote

Kreuzschnäbel gebrütet. Die hatten die langen goldbraunen Zapfen aufgeklaubt und den Samen gefressen und ihre Jungen damit gefüttert. Ein kleines Flügelsamenkorn war ihnen weggeflogen, der Südwind hatte es über das Moor gewirbelt und vor das Hünengrab geweht, da hatte es der Wicht in die Erde gesteckt, mit Tau begossen und gehegt und gepflegt. Darum war es eine so schöne schlanke Tanne geworden. Und auch darum, weil der Schäfer nicht seine Schnucken hinhütete, denn er fürchtete das alte Heidengrab. Alle anderen Tannen in der Heide waren von den Schnucken verbissen und krumm und kruzelich geworden, diese aber wuchs rank und schlank in die Höhe und unter ihr saß der Wicht und dachte an seine Jugend.

Im Winter aber, wenn der Schnee hart und fest auf der Heide lag, dann wanderte der Wicht in das Dorf und lebte bei dem alten brummigen Jagdhüter. Da wohnte er unter dem alten schwarzgeräucherten Steinherde, und wenn es Abend war und der alte Jagdhüter im Lehnstuhl saß und schmökte, dann fiedelte Puck auf einem Heuschreckenbein mit einer Fiedel aus einer Wieselrippe, und die Leute sagten dann, das täten die Heimchen.

Nun hatte der Jagdhüter eine Tochter, die war das schönste Mädchen im Dorf. Ihre Backen waren so weiß und so rot, wie die roten Glöckchen im Moor, und ihr Haar war so weich wie Wollgras und so goldig wie die Abendsonne im Fuhrenwald. Und die hatte einen Liebsten, der war Knecht im Dorfe. Er war der hübscheste und strammste Bengel weit und breit und fleißiger und nüchterner als alle andern, aber er war gerade so arm wie seine Liebste. Und so gern er seine Liebste geheiratet hätte, es ging nicht, weil sie beide nichts hatten.

Und weil der Vater des Mädchens das wußte, darum litt er es nicht, daß die beiden miteinander gingen. Aber an jedem Sonntagabend im Frühling und Sommer trafen sie sich bei dem Steingrabe und saßen da und küßten sich und jammerten über ihre Armut. Anfangs hatte Puck sich über sie geärgert, denn küssen und kosen sah der Wicht nicht gern. Aber da sie so still und ernst waren, so mochte er sie schließlich gern leiden.

Und dann hatte er auch Grund, beiden gut zu sein. Lieschen, die Tochter des alten Waldhüters, war ein gutes Mädchen. Sie hatte einmal morgens in der Herdasche die Spuren der Entenfüße von ihm entdeckt und hatte ihre alte Muhme gefragt, was das wäre. Und die war eine kluge Frau, die von heimlichen Dingen Bescheid wußte, und sie sagte ihr, das wäre wohl ein kleiner armer Wicht, der nicht Weib noch Kind hätte. Das tat dem guten Mädchen leid und sie stellte von da ab jeden Abend auf einem Puppentellerchen für den Kleinen Speise und in einem Fingerhut Milch oder Honigbier hin. Und wenn gebacken wurde, dann backte sie ihm extra einen kleinen Kuchen, und wenn geschlachtet wurde, dann band sie ihm eine kleine Wurst. Und jeden Morgen war alles aufgegessen.

Johann, der Knecht, hatte bei dem Kleinen auch einen Stein im Brett. Denn vor zwei Jahren hatte sein Bauer ihm gesagt, er solle mit Bohrer und Pulver hingehen und das Hünengrab zerschießen, denn er brauche Steine für ein Stallfundament. Johann aber hatte gesagt, das täte er nicht, denn er wollte nicht den Platz zerstören, wo er so oft mit seinem Lieschen gesessen hatte. Da hatte der Bauer geschimpft und ihm gekündigt und der Knecht war beim Amtmann in Dienst gegangen und hatte dem erzählt, warum der Eichenbauer ihm gekündigt hatte. Da hatte der Amtmann an den Drosten geschrieben und der hatte der Gemeinde bei Strafe verboten, das Steingrab zu zerstören. Das hatte Puck gehört, als Lieschen ihrem Vater das erzählte, und er war dem hübschen Knecht sehr dankbar dafür, denn so versteinert war des Wichts altes Herz doch nicht.

Nun war es wieder einmal Weihnachtszeit geworden. Die Bauern waren alle zur Stadt gewesen und hatten eingekauft zum Heiligen Abend. Im ganzen Dorf war alles voll Vorfreude, nur in des Waldhüters Haus sah es nicht festlich aus. Da ging das blonde Lieschen mit dick geweinten Augen herum, und der Alte brummte und knurrte den ganzen Tag. Denn er wollte, daß Lieschen den Krämer heiratete, den alten, dem das hübsche Mädchen gefiel. Aber die wollte ihn nicht, und sie aß und trank nicht und sah ganz blaß und miesepetrig aus. Und abends, als der Alte vor das Holz ging, um für den Bauermeister einen Hasen zu schießen, da kam Johann. Er sah auch blaß und traurig aus, und manchmal kullerte ihm eine Träne über das Gesicht.

Traurig saßen die beiden Liebesleute da, Hand in Hand und weinten und seufzten. Lange sah der Wicht aus seiner Herdecke ihnen zu, aber schließlich taten sie ihm doch zu leid. Und er trat aus seinem Winkel heraus, stellte sich vor sie hin und fragte sie mit seiner dünnen Stimme, was ihnen fehlte.

Da fuhren die beiden zusammen, denn sie sahen ihn nicht. Aber da nahm er seine rote Zipfelmütze ab und sie erkannten ihn. Sie lachten nicht über seine Entenfüßchen, sie lachten nicht über seine Krötenhändchen und seinen Mausebart, und da fragte er sie nochmals nach ihrer Not.

Und sie erzählten ihm von ihrer Liebe und von ihrer Not und sagten ihm, wie schrecklich es wäre, daß beide so blutarm wären, wie die Kirchenmäuse, so arm, daß sie nie daran denken könnten, Mann und Frau zu werden, und sie weinten bitterlich.

Da wurde es dem Kleinen ganz wunderbar ums Herz, und er dachte daran, wie lieb Lieschen immer zu ihm gewesen war und was er Johann zu verdanken hatte, und plötzlich fielen ihm seine Schätze ein, und daß er damit den beiden Liebesleutchen helfen könne. Und da lachte er seit tausend Jahren wieder zum erstenmal, und winkte dem Knecht und sagte ihm, er solle eine Schute und einen Sack nehmen und ihm folgen. Und dann ging er mit ihm über die verschneite Heide bis zu dem Hünengrabe. Und dort lief er rund um die Tanne und trat mit seinen Patschfüßchen einen Kreis in den Schnee und sagte, so solle er die Tanne ausgraben. Und das tat Johann, und als er die Tanne mit vieler Mühe herausgerissen hatte, da funkelte und glitzerte es im Mondlicht in dem Loche von Gold und Geld, Perlen und Edelsteinen. Und alles das gab ihm der Wicht und sagte ihm, die Tanne solle er mitnehmen, schön aufputzen und nach Weihnachten vor dem Hause des Waldhüters eingraben.

Das wurde eine frohe Weihnacht am nächsten Abend. Mitten

auf dem Fleet stand die junge Tanne mit ihrem Wurzelboden und darunter lag der Schatz. Und nach Weihnachten ging Johann in die Stadt und verkaufte all das blanke Zeug, und von dem Erlös kaufte er Äcker und Wiesen und Holz und baute an Stelle der alten Kate ein großes Haus und das bezog er im Sommer mit Lieschen.

Und da er fleißig und sparsam war, zahlte er dem Wicht das ganze Darlehn in zehn Jahren zurück. Und jeden Winter wohnt der Kleine bei ihnen und bekommt das Beste aus Keller und Küche.

Die Tanne aber ist groß und schlank geworden, und in ihr brütet im Sommer ein Amselpaar.

Und wer die Geschichte nicht glaubt, der gehe nach dem Wichtelhofe. Da kann er die Tanne sehen und Lieschen, die jetzt aber die Wichtelhofbäuerin heißt. Und schon daran, daß die Leute vom Wichtelhof keine Enten halten, um ihren Herdgeist nicht an seine Patschfüße zu erinnern, sieht man, daß es mit dem Wichtelhof ein heimliches Ding ist.

Das fremde Kind

In einem kleinen Häuschen am Eingange eines Waldes lebte ein armer Tagelöhner, der sich mit Holzhauen mühsam sein Brot verdiente. Er hatte ein Weib und zwei Kinder, die ihm fleißig zur Arbeit halfen. Das Knäblein hieß Valentin und das Mädchen Marie, und die waren gehorsam und fromm zu der Eltern Freude und Trost. Als die guten Leute nun eines Winterabends, da es draußen schneite und wehte, beisammen saßen und ein Stücklein Brot verzehrten, dafür Gott von Herzen dankten und der Vater noch aus den biblischen Geschichten vorlas, da pochte es leise am Fenster zu ungewohnter Stunde, und ein feines Stimmchen rief draußen:

»O laßt mich ein in euer Haus, ich bin ein armes Kind und habe nichts zu essen und kein Obdach und meine schier vor Hunger und Frost umzukommen! O laßt mich ein!«

Da sprangen Valentin und Mariechen vom Tische auf, öffneten die Türe und sagten: »Komm herein, armes Kind, wir haben selber nicht viel, aber noch immer mehr als du, und was wir haben, das wollen wir mit dir teilen.«

Das fremde Kind trat ein und wärmte sich die erstarrten Glieder am Ofen, und die Kinder gaben ihm, was sie hatten, zu essen und sagten: »Du wirst wohl müde sein, komm, lege dich in unser Bettchen, wir können auf der Bank schlafen.«

Da sagte das fremde Kind: »Dank' es euch mein Vater im Himmel!«

Sie führten den kleinen Gast in ihr Kämmerlein, legten ihn zu Bett, deckten ihn zu und dachten sich: O wie gut haben wir es doch! Wir haben unsre warme Stube und unser Bettchen, das arme Kind hat aber gar nichts als den Himmel zum Dach und die Erde zum Lager.

Als nun die Eltern zur Ruhe gingen, legten sich Valentin und

Marie auf die Bank beim Ofen und sagten zueinander: »Das fremde Kind wird sich nun freuen, daß es warm liegt. Gute Nacht!«

Es mochten aber die guten Kinder kaum einige Stunden geschlafen haben, als die kleine Marie erwachte und ihren Bruder leise weckte, indem sie zu ihm sprach: »Valentin, Valentin, wach' auf, wach' auf! Höre doch die schöne Musik vor den Fenstern!« Da rieb sich Valentin die Äuglein und lauschte. Es war aber ein wundersames Klingen und Singen, das sich vor dem Hause vernehmen ließ, und wie mit Harfenbegleitung hallte es:

O heil'ges Kind,
Wir grüßen dich
Mit Harfenklang
Und Lobgesang.

Du liegst in Ruh',
Du heil'ges Kind;
Wir halten Wacht
In dunkler Nacht.

O Heil dem Haus,
In das du kehrst!
Es wird beglückt
Und hoch entzückt.

Das hörten die Kinder und es befiel sie eine freudige, bange Angst, und sie traten ans Fenster, um zu schauen, was denn draußen geschehe. – Im Osten sahen sie das Morgenrot glühen und vor dem Hause viele Kinder stehen, die goldene Harfen und Lauten in den Händen hatten und mit silbernen Kleidern angetan waren. Erstaunt und verwundert ob dieser Erscheinung, starrten sie zum Fenster hinaus, da berührte sie ein leiser Schlag, und als sie sich umwandten, da sahen sie das fremde Kind vor sich stehen, das ein Kleid von Goldstoff anhatte und mit einem glänzenden Schein um das goldgelockte Haupt geschmückt war, und sprach:

»Ich bin das Jesukindlein, das in der Welt umherwandelt, um frommen Kindern Glück und Freude zu bringen. Ihr habt mich beherbergt diese Nacht, indem ihr mich für ein armes Kind hieltet, und ihr sollt nun meinen Segen haben.« Da brach es ein Reislein von einem Tannenbaum, der am Hause stand, und pflanzte es in den Boden und sprach: »Das Reislein soll zum Baume werden und soll euch alljährig Früchte bringen.«

Und alsbald verschwand es mit den musizierenden Kindern – den Engeln. Das Tannenreis aber schoß empor und ward zum Weihnachtsbaum, der war behangen mit goldnen Äpfeln und Silbernüssen und blühte alle Jahre einmal. Und wenn ihr lieben Kinder zu Weihnachten vor dem reichgeschmückten Baume steht und euch freut, so gedenkt auch der armen Kinder, die kaum ein Stückchen Brot haben, um ihren Hunger zu stillen, und danket Gott!

Der Knabe am Weihnachtabend beim Herrn Jesu

Ich bin Romanschriftsteller und habe, wie mir scheint, diese »Geschichte« selber erfunden. Warum schreibe ich: »wie mir scheint«, wo ich doch mit Bestimmtheit weiß, daß ich sie erfunden habe? Es kommt mir eben vor, sie habe sich irgendwo und irgendwann einmal zugetragen, und zwar am Vorabend des Weihnachtstags, in einer riesigen Stadt, bei grausamem Frost.

Vor mir sehe ich einen Knaben, einen kleinen Knaben von höchstens sechs Jahren. Dieser Knabe erwachte eines Morgens in einem feuchten, kalten Keller. Er trug nur ein dünnes Hemdchen und zitterte. Der Atem flog wie weißer Dampf aus seinem Mund, und da er sich, auf einer Kiste hingekauert, in seinem Winkel langweilte, ließ er den Dampf absichtlich fahren und fand seinen Spaß daran, wie dieser aus seinem Munde flog. Er hatte großen Hunger. Schon mehrmals an diesem Morgen war er zu der Pritsche gegangen, wo seine kranke Mutter auf einer hauchdünnen Schicht Streu lag, den Kopf auf ein Bündel gebettet. Wie war sie nur hierhergeraten? Sie mußte wohl mit ihrem Jungen aus einer fremden Stadt gekommen und plötzlich erkrankt sein. Die Vermieterin der Behausung war vor zwei Tagen von der Polizei festgenommen worden. Die Bewohner aber hatten sich, wie vor den Festtagen üblich, zerstreut, und nur ein tatarischer Händler lag seit vierundzwanzig Stunden sinnlos betrunken da – er hatte die Festtage gar nicht erst abgewartet. In einem andern Winkel stöhnte eine rheumakranke achtzigjährige Greisin. Sie war einst Kinderfrau gewesen und starb nun einsam und verlassen. Dabei stöhnte, knurrte und brummte sie den Knaben so an, daß dieser es nicht wagte, auch nur in ihre Nähe zu kommen. Der Knabe hatte sich im Flur etwas zu trinken geholt, doch Brotrinden konnte er keine finden, und so ging er jetzt schon zum zehnten Mal zu seiner Mutter, um sie zu wecken. Auch war ihm unheimlich zumut in der Dunkelheit: obwohl der Abend schon lange hereingebrochen war, hatte niemand ein Licht angemacht. Er berührte das Gesicht seiner Mutter und war erstaunt, wie unbeweglich sie dalag und kalt wie die Wand. »Gar kalt ist es hier«, dachte er, während er seine Hand selbstvergessen auf der Schulter der Toten ruhen ließ. Dann behauchte er seine Fingerchen, um sie zu wärmen, ertastete sich auf der Pritsche sein Mützchen und schlich leise und behutsam aus dem Keller. Er wäre schon früher weggegangen, doch hatte er den großen Hund gefürchtet, der oben auf der Treppe vor der Nachbarstür den ganzen Tag geheult hatte. Aber der Hund war verschwunden, und so fand er sich plötzlich auf der Straße.

O Gott, was für eine Stadt! Noch nie hatte er dergleichen gesehen. Da, wo er hergekommen war, herrschte nachts tiefe Finsternis, und nur eine einzige Laterne erhellte die Straße. Die niedrigen Holzhäuser waren mit Fensterläden verrammelt. Kaum brach die Dämmerung herein, war kein Mensch mehr zu sehen, jedermann schloß sich in sein Haus ein, und nur die Hunde trieben sich rudelweise herum, heulten und kläfften zu Hunderten, zu Tausenden die ganze Nacht. Doch war es dort warm gewesen, und man hatte ihm zu essen gegeben – o Gott, wenn er nur etwas zu essen bekäme! Welch ein Geratter war hier, welch ein Lärm, wieviel Licht und Menschen, Pferde und Wagen und was für eine Kälte! Kalter Dampf stieg von den Leibern der abgehetzten Gäule auf, aus ihren heißen Nüstern; die Hufeisen klirrten durch den schütteren Schnee auf dem Pflaster, man stieß und drängte sich; o Gott, wenn er nur zu essen bekäme, ein Krümchen zumindest, und auch die Fingerchen taten plötzlich so weh! Ein Ordnungshüter ging vorbei und wandte sich ab, um den Knaben nicht sehen zu müssen.

Schon wieder eine Straße – wie breit sie ist! Hier werden sie ihn gewiß erdrücken. Und wie sie alle schreien, laufen, fahren, und diese Helligkeit, diese Helligkeit! Was ist denn das? Ach, welch eine große Glasscheibe, und hinter der Scheibe ein Zimmer, und im Zimmer ein Baum, der bis zur Decke reicht. Es ist ein Christbaum, und der Christbaum ist voller Lichter, goldener Papierchen und Äpfel, und ringsherum liegen Püppchen und Pferdchen. Geputzte saubere Kinder laufen im Zimmer herum, lachen und spielen, essen und trinken. Da tanzt eben ein Mädchen mit einem Jungen, welch ein hübsches Mädchen! Auch die Musik dringt durch die Scheibe. Der Knabe schaut verwundert zu, und schon lacht er, obwohl ihm die Zehen weh tun und die Fingerchen schon so rot und steif sind, daß es schmerzt, wenn er sie bewegt. Doch plötzlich erinnert sich der Knabe an die schmerzenden Fingerchen, fängt zu weinen an und läuft weiter.

Und wieder sieht er durch eine Scheibe in ein Zimmer, wo ein Baum steht. Auf den Tischen liegen viele süße Backwaren – braune, gelbe und solche mit Mandeln, und vier vornehme Damen reichen jedem, der eintritt, von dem Gebäck. Die Tür geht alle Augenblicke auf, und viele Herrschaften kommen herein.

Der Knabe stahl sich zur Tür, öffnete sie rasch und trat ein. Mein Gott, wie sie ihn da anschrien und abwehrten! Eine Dame eilte auf ihn zu, drückte ihm eine Kopeke in die Hand und schob ihn zur Tür hinaus. Wie sehr er erschrak! Die Kopeke fiel klirrend zu Boden und rollte über die Stufen; er aber konnte seine Fingerchen nicht biegen, um sie festzuhalten. Der Knabe rannte davon, schneller und immer schneller, wußte selber nicht wohin. Er hätte gerne geweint, doch aus Furcht rannte er immer weiter und hauchte sich auf die Händchen. Eine große Trauer befiel ihn, es war ihm plötzlich so einsam und schrecklich zumut.

Mein Gott, was ist das schon wieder? Eine Menschenmenge, die staunt: hinter einer Fensterscheibe sieht man drei kleine Puppen, in roten und grünen Gewändern, als wären sie lebendig! Ein alter Mann sitzt da und scheint auf einer großen Geige zu spielen, während zwei andere, die neben ihm stehen, auf einer kleinen Geige spielen. Sie bewegen die Köpfchen im Takt, schauen einander an, bewegen die Lippen und sprechen, ja, sie sprechen, nur kann man es durch die Scheibe nicht hören. Zuerst dachte der Knabe, sie seien lebendig, doch als er erkannte, daß es Puppen waren, fing er plötzlich zu lachen an. Noch nie hatte er solche

Puppen gesehen, er hatte gar nicht gewußt, daß es sie gab! Und so sehr es ihm ums Weinen war – über die Puppen mußte er lachen. Da schien ihm plötzlich, jemand habe ihn hinten am Hemdchen gepackt: neben ihm stand ein großer böser Junge. Er riß ihm mit einem Schlag die Mütze vom Kopf und versetzte ihm hinterher einen Fußtritt. Der Knabe fiel hin, so daß die Leute kreischten. Zuerst lag er da wie erstarrt, dann sprang er auf und lief davon, wußte selber nicht wohin, lief schließlich durch eine Toreinfahrt in einen fremden Hof und setzte sich hinter einen Holzstoß. »Hier findet mich keiner«, dachte er, »hier ist es dunkel.«

Er krümmte sich und wagte vor Angst kaum zu atmen. Doch plötzlich, ganz unvermittelt, war ihm so wohl: die Händchen und Füßchen hörten auf zu schmerzen, und eine Wärme überkam ihn, als säße er auf dem Ofen. Der Knabe fuhr zusammen: ach, er war eingeschlafen! Wie angenehm war es zu schlafen. »Ich bleib' hier ein wenig sitzen und geh' mir dann nochmals die Puppen anschauen«, dachte der Knabe und lächelte bei der Vorstellung, wie lebendig sie waren ... Dann schien ihm, er höre die Stimme der Mutter, die ihm ein Lied singt. »Mama, ich schlafe, ach wie gut es sich hier schlafen läßt!«

»Komm mit mir zum Christbaum, mein Junge«, flüsterte auf einmal eine leise Stimme über ihm.

Er glaubte, es sei seine Mutter, doch sie war es nicht. Er konnte nicht sehen, wer ihn rief, er fühlte nur, wie sich jemand über ihn beugte und ihn umarmte in der Dunkelheit. Er streckte ihm seine Hand entgegen, und plötzlich – welche Helligkeit! Was für ein herrlicher Christbaum! Kein gewöhnlicher Tannenbaum war's – er hatte einen solchen Baum noch nie gesehen! Wo war er nur: alles glänzt, alles leuchtet, und ringsum lauter Puppen – doch nein, das sind ja Jungen und Mädchen, in lichten Kleidern. Sie kreisen und fliegen um ihn herum, küssen ihn, heben ihn auf und tragen ihn mit sich fort. Und schon fliegt er und sieht, wie ihn Mama lächelnd und voll Freude anschaut.

»Mama, Mama! Ach wie schön es hier ist!« ruft der Knabe ihr

zu, und er küßt die Kinder und will ihnen so schnell wie möglich von den Puppen hinter dem Fenster erzählen. »Was seid ihr denn für Jungen, was seid ihr für Mädchen?« fragt er lachend und liebevoll.

»Wir sind zum Weihnachtsfest gekommen«, antworten ihm die Kinder. »An diesem Tag stellt Christus immer einen Weihnachtsbaum für die kleinen Kinder auf, die zu Hause keinen Christbaum haben ...« Und der Knabe erfuhr, daß diese Jungen und Mädchen solche Kinder gewesen waren wie er. Die einen waren schon in dem Körbchen erfroren, in welchem man sie vor den Türen der Petersburger Beamten ausgesetzt hatte, die andern waren bei den finnischen Ammen verhungert, denen sie im Findelhaus zur Pflege übergeben worden waren, die dritten waren zur Zeit der Hungersnot von Samara, als die Milch in den Brüsten ihrer Mütter versiegte, gestorben, die vierten in der dikken Luft von Drittklaßwaggons erstickt. Und nun sind sie alle da, wie die Engel um Christus geschart, und Er selbst ist in ihrer Mitte und streckt ihnen die Hände entgegen und segnet sie und ihre sündigen Mütter ... Und die Mütter dieser Kinder stehen abseits und weinen. Jede Mutter erkennt ihren Jungen oder ihr Mädchen, und die Kinder fliegen zu ihnen, küssen sie und wischen ihnen mit ihren Händchen die Tränen ab und bitten sie, nicht mehr zu weinen, es gehe ihnen hier ja so gut ...

Am nächsten Morgen fanden die Hausknechte den kleinen Leichnam des Knaben, der sich hinter den Holzstoß geflüchtet hatte und dort erfroren war. Dann suchten sie seine Mutter ... Sie war schon vor ihm gestorben. Sie werden sich beide im Himmel wiedersehen.

Silberfältchen

Es war im weiten Vorraum der Himmelsburg. Da stand der alte Petrus mit seinem langen grauen Bart und seinen freundlichen Augen; den großen Schlüsselbund hatte er zur Seite hängen und schaute durch ein Guckloch zur Erde nieder.

»Petrus,« sagte ein putziger kleiner Engelknabe, und als er nicht hörte, nochmal »Petrus!« und zupfte ihn leise am Mantel.

Da sah Petrus sich um und lächelte: »Ach, Silberfältchen, bist du mal wieder rausgeschlüpft aus dem großen Himmelssaal. Was willst du denn hier, Kleines?«

»Ach Petrus, ich dachte, du wärest so allein und da war dir's sicher langweilig.«

»Ach nein, langweilig ist's grad nicht hier,« sagte Petrus mit einem guten, tiefen Lachen, »aber bleib nur schön bei mir, Büblein.«

»Petrus, heut ist Weihnachten!«

»Ja, ja, Weihnachten, Silberfältlein.«

»Und es riecht nach Kuchen,« schrie Silberfältlein fast vor Freude, »Petrus, freust du dich?«

»Wohl, wohl freu ich mich,« nickte Petrus und schaute wieder durchs Guckloch.

»Petrus, was guckst du?«

»Ei, ich schau nach unseren Urlaubern aus, die auf Heimaturlaub kommen, sie müssen schon unterwegs sein.«

»Unsere Urlauber? Du, wer ist das, Petrus?«

»Weißt doch, Kleines, das sind unseres Herrgotts himmlische Heerscharen, die unten auf Erden für ihn streiten und seinen Willen vollbringen. Aber heut ist Weihnachten, da darf ein Teil herauf und sich Kraft und Freudigkeit zu neuer Arbeit holen. Sie können's jetzt brauchen,« setzte er mit leisem Seufzer hinzu.

Kerlchen seufzte mit, wußte ja nicht recht, weshalb, aber er dachte, dann würde Petrus sich freuen.

»Petrus, laß mich auch mal raussehen, bitte.«

»Ach, Silberfältchen, das ist hier ein bißchen hoch für dich. Schau all die vielen Gucklöcherchen auf dem Boden, da kannst durchsehen, ob sie kommen.«

»Ach, ja, ach ja,« rief Silberfältchen und klatschte in die Hände. Dann lief's hin, stemmte seine kleinen Fäustchen auf die Knie und lugte durch eine solche Öffnung. Aber da war's nur ganz dunkel, und es sah nichts, aber rein gar nichts.

»O weh,« meinte es, »da durchs andere steht man sicher mehr.« Aber man sah nicht mehr, und enttäuscht lief es von einem zum anderen. Da stutzte es und blieb auf der Stelle stehen, streckte sein Fingerlein in den Mund und starrte mit scheuen Augen auf eine weiße, stille Gestalt. Die kniete am Boden, hatte die Hände über der Brust gefaltet und tief das Haupt über die Gucköffnungen geneigt, als suche sie und suche sie und suche sie.

»Frau, suchst du was?« fragte Silberfältchen endlich schüchtern. Da hob sie das Haupt und sah es traurig an, daß es ganz erschreckt zum alten Petrus trippelte und sich an seinem Mantel hielt.

»Petrus, wer ist das?« fragte es und deutete mit dem Fingerlein auf die Kniende.

»Eine arme Seele, die erst vor wenig Zeit ins Himmelreich gekommen ist und doch nicht die Seligkeit finden kann.«

»Warum kann sie denn die Seligkeit nicht finden, Petrus?«

»Sie hat ein klein Kindlein auf Erden zurücklassen müssen; nun sucht sie und schaut sie, ob sie ihr Kindlein nicht sähe.«

Da stand nun Silberfältchen und sah und wunderte sich und wurde auch ein bißchen traurig in seinem Engelsherzchen und wußte nicht recht, warum.

Aber da auf einmal, da läutete es ganz laut, ganz freudig, und Petrus lief zur Tür, so schnell seine alten Beine ihn tragen konnten. Und da kamen sie schon, die himmlischen Heerscharen, die ihr Christfest im Himmel feiern durften. Bestaubt und beschmutzt die Gewänder von Erdenleid und Erdensünde, aber mit reinen Händen und strahlenden Augen.

»Willkommen, willkommen!« rief Petrus, und sie drängten sich zu ihm und schüttelten ihm die Hände und strahlten vor Glück.

»Wie ist's da unten?« fragte Petrus.

»Schlimm, schlimm!« sagten sie und schüttelten bekümmert das Haupt. »Krieg und Not und Jammer ohne Ende.«

»Heut gibt's Kuchen,« sagte Silberfältchen ganz schnell dazwischen, denn es wollte sie froh machen. Da lächelten sie und nickten ihm zu.

»Ja, es ist Weihnachten,« sagten sie, »und wir sind zu Haus.«

Da faßte Silberfältchen einen großen Engel an die Hand und wollte mit ihm davonspringen. Aber da stand plötzlich die stille weiße Gestalt vor ihnen und hob die Augen zu den Engeln. »Habt ihr mein Kindlein gesehen?«

Die Engel schauten sie forschend an.

»Ein solch arm klein Kindlein,« sagte die Seele.

»Nein,« sagten sie und schüttelten den Kopf, »wir haben es nicht gesehn, wir kommen wohl aus anderem Land.«

Da ging die Seele traurig von dannen.

»Wenn sie traurig ist, will ich bei ihr bleiben,« sagte Silberfältchen. »Dann ist sie nicht so allein, und ich bin doch auch so ein klein Büblein.«

Aber die Seele kniete nieder und suchte und schaute. Da wußte es nicht recht, was es machen sollte, und sah sie zweifelnd an und dann kniete es plötzlich mit vor dem Guckloch.

»Ich will dir suchen helfen,« sagte es lebhaft, »da finden wir's sicher.«

Da sah die arme Seele auf und lächelte ein bißchen, aber ganz traurig. Und wie es nun so da saß und sich die Augen aus dem Kopf schaute, siehe, da läutete es wieder ganz leise, ganz zart. Da sprang Silberfältchen auf, das mußte es doch sehen und lief zum alten Petrus. Der sah durch die Türöffnung und weil es so dunkel war und er schon alte Augen hatte, fragte er, wer denn draußen sei.

»Der Engel des Lebens!« sagte eine Stimme, so süß wie leiser Harfenklang.

»O du Engel des Lebens!« sprach Petrus, »den die Menschen in ihrer Kurzsichtigkeit den Engel des Todes nennen, sei tausendmal gegrüßt. Wen bringst du denn in die Seligkeit?« Dabei hatte er die Türe geöffnet, und herein schritt ein Engel im weißen Gewand, das schimmerte im sanften Glanze der Perlen. Und als er die goldenen Haare auseinanderschlug, die ihn wie ein Mantel umwallten, da trug er ein Kindchen behutsam an seinem Herzen, das hatte die Augen geschlossen und schlief.

»Ei wie niedlich!« rief Silberfältchen und klatschte in die Händchen, »o wie süß!« und hüpfte vor Freude von einem Beinchen aufs andere. »Laß mich mal sehn, lieber Engel, ach bitte, bitte, laß mich mal ganz nah sehn!«

Und wie der Engel sich lächelnd zu ihm beugte, da schlug das Kindlein auf einmal verwundert zwei dunkle, große Augen auf.

»O!« sagte Silberfältchen und weiter konnte es gar nichts sagen.

»Leise, leise, du Wildfang, daß es nicht erschreckt,« mahnte der Engel.

Ganz still stand Silberfältchen und hatte den Finger auf den Mund gelegt, aber auf einmal gings nicht mehr:

»Heute gibt's Kuchen!« sprudelte es hervor.

Aber da stand wieder die stille Frau vor ihnen: »Ist's *mein* Kind, du lieber Engel, ist's mein Kind? Nein,« sagte sie traurig, »es ist nicht meines, Engel. Wann bringst du mir mein Büblein?«

»Und der Vater,« sagte der Engel ernst, »soll er denn ganz allein sein?«

»Nein, nein,« schrie die arme Seele fast, »nein!«

Da sah das Kindlein sie an mit seinen großen leis erwachenden Augen und plötzlich streckte es lallend beide Ärmchen ihr entgegen.

»Es meint, du seiest seine Mutter,« lächelte der Engel.

Da weinte die arme Seele leise, und es war, als ob sich ein harter, schmerzender Reifen von ihrem Herzen löste.

»Gib mir das Kindlein, gib mir's,« bat sie, »daß ich es zu Gott Vater bringe.«

»Sei behutsam mit ihm,« sagte der Engel, »es ist noch ein ganz klein zart Seelchen.«

»Ach,« sagte die Frau und da lächelte sie, »glaubst du, daß zwei Arme es weicher halten können als die meinen?«

Da legte der Engel es in ihre Arme, und das Kindlein steckte die Fäustchen in den Mund und war ganz still, denn es meinte, es sei bei seiner Mutter.

Und so schritten sie zum Himmelssaal. Silberfältchen aber trippelte ganz selig nebenher. Und wie sie dahin schritten, da schwebte es durch den Raum wie leiser, süßer, unendlich seliger Geigenton, und wie sie ihm immer nachgingen, da, ja, da – da standen sie im Himmelreich. Und das war so wunderschön, daß kein Mund es aussprechen kann.

Der Boden und die Wände waren von blauem Edelgestein, darin flimmerte es golden von tausend und abertausend Sternen. Und über alles ein strahlendes Leuchten, hell und golden wie Sonnenfeuer und mild wie Mondenschein. Und all der Glanz und all das selige Licht kam aus zwei Augen, die waren das Schönste, das aller einzig Schönste. Und Gott Vater saß auf einem großen Stuhl und hatte ein silberweißes, weites Gewand, das fiel in vielen weiten Falten nieder, und aus diesen Falten lugten ganz zu unterst viele dunkle und blonde Engelsköpflein, die kuschelten sich hinein wie in Mutters Schoß.

Und heidi! war Silberfältchen weg und schlüpfte auch hinein in sein Plätzchen und lachte daraus hervor. Da stand nun die arme Seele vor Gottes Thron und hatte das Kindlein in den Armen und konnte gar nichts sagen. Gott Vater neigte sich vor und nahm das Kindlein leis aus ihren Armen und nahm's auf den Schoß und herzte es. Und das Kindlein schaute und schaute und dann griff es jauchzend nach dem langen weißen Bart. Und Gott Vater nahm es mit stillem Lächeln zwischen seine beiden Hände, und siehe da, da wuchsen ihm zwei goldene Flügelein, die waren wie zwei glänzende Schmetterlinge. Und die arme Seele stand und wunderte sich und dachte an ihr Kindlein.

Da sah Gott Vater sie an und sein Blick war voll so großer Güte, daß es über die arme Seele kam wie Frühlingssonnenschein. »Abba, lieber Vater!« sonst konnte sie nichts sagen. Aber Gott Vater winkte leise einem Engel, der trat zu ihr und legte ihr sanft die Hand auf die Schulter. »Komm,« sagte er. Da wandte die arme Seele sich um und ging mit ihm.

Und es wurde heller und immer heller von einem milden unfaßbaren Leuchten. Und mit ihnen wanderten die Scharen der Engel, die hielten in ihren Händen kristallene Gesäße, die hingen mit feinen silbernen Kettchen um ihren Hals. So gingen sie voll großer Andacht.

Und siehe, da standen sie auf einmal vor einem tiefen See, der war wie ein Meer von Sonnen, und man wußte nicht, war es Wasser, war es Feuer. Die Engel aber stiegen hinab zum Ufer und neigten das Haupt in heiliger Ehrfurcht und schöpften kniend in die Schalen. Und wieder wunderte sich die arme Seele.

»Sieh«, sagte der Engel, »das Wasser des Lebens, von dem euch der Herr Christ zur dunklen Erde gebracht hat. Heute ist Weihnacht, da sprudelt wieder Gottes Born allen, allen, dir auch, liebe Seele.«

»Mir auch,« sprach die Seele wie im Traum. Da wandten sich die Engel zurück, die am Born geschöpft, sie trugen den Kristall in zarten, behutsamen Händen, der leuchtete wie flüssige Glut, aber ihre Angesichter leuchteten noch mehr in heiliger Freude. »Friede auf Erden!« sangen sie, »und den Menschen ein Wohlgefallen!«

»Neue Liebe, neue Kraft schöpften sie, nun bringen sie's den armen Menschenkindern auf Erden,« sagte der Engel und schaute ihnen nach. »Komm, liebe Seele, daß du auch schöpfest und trinkest und selig werdest.« Aber wie der Engel ihr eine Schale in die Hände legen wollte, faltete die Seele sie in großem Bangen.

»Nein, nein,« rief sie, »schöpfe du mir, lieber, lieber Engel, sieh, wie sind sie noch voll Erdenstaub.«

»Die armen Hände,« sagte der Engel mit gütigem Lächeln, »auch sie werden noch weiß werden wie Lilienblüten.« Dann stieg er zum Ufer. Da wagte die arme Seele nicht zu atmen. Und der Engel neigte sich und schöpfte und wandte sich und kam und trug in den Händen den leuchtenden Kristall. Und wie er's der armen Seele um den Hals legte, da klirrte das Kettlein mit feinem silbernem Ton; und wie er die Glut in ihre erschauernden Hände gab, da strömte eine unendliche Seligkeit in das arme Herz. Das wußte sich nicht zu fassen und wußte selbst nicht, ob vor Glück oder vor Schmerz, und schämte sich fast.

»Friede auf Erden und den Menschen ein Wohlgefallen!« sang's immer noch leise neben ihr von den wandernden Engelscharen. Da hob sie das Haupt und faßte ihren Schatz in festen Händen und wanderte mit und schritt bis vor Gottes Angesicht.

»Abba, lieber Vater!«

»Bist du nun auch selig, arme Seele?« fragte er gütig. Da neigte sie das Haupt. Aber dann sah sie zu ihm auf – voll und vertrauend: »Herr, darf ich's meinem Kindlein bringen? Es hat keine Mutter mehr und ist solch ein armes kleines Kindlein.«

Da schaute Gott Vater sie ernst an: »*Einmal* darf jedes am Christfest schöpfen, brächtest du's deinem Kind, müßtest du weiter lichtlos gehen, bis der Tag sich jährt, daß mein lieber Sohn zur Erde herabgestiegen, euch zu erlösen.«

»Wie gern, o wie tausendmal gern,« rief die Seele und hob ihre Hände.

»Und wie willst du hinunter zu deinem Kind, wie willst du?«

Da ließ die arme Seele den Kopf sinken; wie klein waren ihre Flügel noch, wie winzig klein, die konnten sie noch lange, lange nicht tragen.

Und wie sie so dastand in heißem Schmerz, zupfte es an ihrem Gewand.

»Frau, ich bring's deinem Kindlein, ja, soll ich?« Ach, und da stand klein Silberfältchen und sah mit großen, mitleidigen Augen zu ihr auf.

»Du Kleines, ach du Kleines,« sagte Gott Vater lächelnd.

»Ach ja, gelt, ich darf?« eiferte Silberfältchen. »Sieh, was du mir hübsche Flüglein gegeben hast und so stark, und ich bin auch schon gar nicht mehr so klein.« Und dabei hob es sich auf die Zehen, daß es fast umfiel.

»Silberfältchen, warum willst du denn hin?« fragte Gott Vater liebreich.

»Es ist ja doch so ein klein Kindlein, und die Frau ist so traurig,« erwiderte es leise.

Da legte Gott Vater ihm die Hand aufs Köpfchen. »So geh, mein Englein, und bitte den guten Petrus, daß er dir hilft und bleib mir nicht zu lange, du Kleines.«

»Nein, nein, nein,« lachte Silberfältchen vor Freude und dann schob es sein Händchen in die Hand der Seele. Die wußte nicht, ob sie lachen oder weinen sollte vor Glück.

»Komm!« rief's eifrig, »komm!« und lief und lief und zog sie hinter sich her, daß sie kaum folgen konnte. Und so ging's aus dem Himmelssaal und durch den Vorraum, direkt auf den alten Petrus zu.

»Hoppla, hoppla,« rief der und lachte, »immer ruhig, die Ewigkeit ist noch lang.«

»Petrus, Petrus,« schrie Silberfältchen atemlos, »ich darf herunter, und du sollst mir helfen.«

»Na, na, was willst du denn da unten, Kerlchen?«

Da konnt's Silberfältchen vor Eifer nicht schnell genug herausbringen, aber wie Petrus es endlich verstanden, wurde er ein bißchen ernst. »Da müssen wir dich aber gut versorgen, du Büblein, draußen ist's bitter kalt. Findest du denn auch den Weg, Kleines?«

»Ach ja, freilich,« sagte Silberfältchen, »das Licht leuchtet mir ja, das Licht, das ich dem Kindlein bringe. Aber was ist das, Petrus, kalt?«

»Ach, du Himmelskindlein, wirst du einen hübschen Schrekken kriegen drunten auf der Erde; aber komm, ich wickle dich gut ein.« Da ging der alte Petrus zu einem großen Schrank und nahm ein schneeweiß warm Mäntlein heraus.

»Ei, wie hübsch!« jubelte Silberfältchen und klatschte in die Hände, »ei wie hübsch!«

Da nahm's die arme Seele in ihre Hände und wickelte Silberfältchen hinein, so warm und fest sie es vermochte, und zog ihm ein Kapüzlein über den Kopf, daß nichts heraus sah als das rosige Näschen und die lachenden Augen und die Flüglein.

»Hier,« sagte Petrus und bückte sich mühsam, und dann hob er zwei Schuhchen heraus, die waren weich und leicht und mollig. »Schlupf rein,« sagte er, und Silberfältchen tat einen Sprung vor Lust und drehte sich im Kreis vor Ausgelassenheit.

»Kleines, Kleines,« sagte Petrus ernst, »jetzt weißt du, was Lachen ist, vielleicht, wenn wir uns wiedersehen, kennst du auch das Weinen.«

Aber Silberfältchen hörte gar nicht. »Ich weiß was, paß auf, was ich weiß!« rief es jubelnd und fort war's wie der Wind.

»Was hat's nur wieder?« meinte Petrus kopfschüttelnd. Und da war's ja schon wieder zurück, und – wißt ihr, was es hatte? Da hatte es unter dem Arm seine kleine goldene Engelsgeige. »Glaubst du, daß dein Kindlein sich freut,« meinte es zu der Seele, »ich will ihm was vorspielen, was Hübsches – von seiner Mutter.«

Da nahm die Seele das Englein auf beide Arme und preßte es ans Herz und konnte nichts sagen. Auch Silberfältchen war ganz still geworden.

»Nun gib mir dein Licht,« bat es leise.

Die Seele nahm das Kettlein und kniete nieder, und wie sie es dem Englein um den Hals legte, da klirrte es mit feinem, silbernem Ton.

Silberfältchen nahm das Licht in seine kleinen Hände und verbarg es sorgsam unter seinem Mantel und unter dem anderen Arm hatte es die Geige. »Jetzt gehe ich zu deinem Kindlein,« sagte es mit ernsthaften Augen. Da küßte es die Seele mit heißer Inbrunst. Petrus hatte schon den dicken Schlüssel ins Schloß gesteckt und drehte ihn um, daß es nur so knarrte, denn es war ein altes, festes Schloß. Da sprang Silberfältchen lustig zu ihm und schlüpfte hindurch, eh' das Tor ganz geöffnet war.

»Sachte, sachte,« warnte Petrus, »wo willst du denn hin?«

Ja, da stand's schon und wußte sich nicht zu helfen, denn es war da drauß' ganz dunkel, und es war doch nie im Dunkeln gewesen. Petrus aber winkte einem Wölklein, das war wie ein kleiner Kahn, und hob Englein da hinein. »Paß auf, Silberfältchen, jetzt fährst du bis zum guten alten Mond, den grüßt du hübsch von mir und bittest ihn recht artig um einen Strahl, der dich zur Erde führt. Und dann eins, Silberfältchen, spute dich, bleib nicht zu lange unten! Ich habe Sorge um dich, Kleines,« setzte er bekümmert hinzu.

Aber Silberfältchen sah ihn mit seinen freundlichen Augen an. »Ich habe ja das Licht, das ist so warm und gut. Petrus, du glaubst nicht, *wie* warm und gut!«

Da nickte Petrus und ließ das Schifflein los, und das schwebte und schaukelte davon wie auf sanften Wellen. Erst saß Englein ganz still, aber dann, ja dann – dann bog es sich vorsichtig über den Rand und dann immer mutiger und nun sah es unter sich die weite, weite dunkle Weihnachtswelt. Da lag der Mondschein wie ein breites silbernes Band über den verschneiten Feldern, und hin und wieder blitzte ein goldenes Fünkchen auf, das waren die Lichter in den Häusern der Menschen.

»Ei, wie schön,« sagte Silberfältchen und schaute hinunter und schaukelte sich auch ein bißchen. Und da legte auch schon das Schifflein an, und vor ihnen stand der alte Mond und lachte: »Wohin der Weg, du Kerlchen, du winziges?«

»Ei, ich soll einen schönen Gruß vom Petrus bestellen und soll dich recht artig bitten, daß du mir einen Strahl gibst, der mich runter bringt. Du bist doch der gute, alte Mond, gelt?«

»Ja der bin ich, aber was willst du denn unten, Kerlchen?«

Da erzählte Silberfältchen ihm alles.

»Na, wenn's so ist, muß ich dir wohl helfen,« und dabei hob er es heraus und trug es auf seinen Armen bis zum nächsten Strahl. Der war wie ein schmaler silberner Streifen und neigte sich abwärts. »Also hier herunter steig, Kerlchen; wenn's dir Spaß macht, kannst du auch ein bißchen fliegen oder gar rutschen, bist ja noch solch klein Spielengelein.« Dabei stellte er ihn auf den Silberstreifen.

»Vielen Dank!« rief Silberfältchen, »hunderttausendmillionen Dank!«

»Gute Reise!« lachte der Mond, »und spute dich, bleib nicht zu lang, daß du den Weg zurückfindest.«

»Find schon,« meinte Silberfältchen sehr bestimmt.

»Na, denn zu!« sagte der Mond, und Englein wanderte los. Halb ging's, halb flog's auf der schrägen, lichten Straße, ganz vorsichtig einen Fuß vor den andern setzend und behutsam das Lichtlein unter dem warmen Mantel geborgen. Aber wie's so lang weiter ging, flog's ihm auf einmal durch den Kopf: »Hat er nicht gesagt, ich könnt' auch rutschen? Soll ich? Ach ja, ich tu's. Ich will ja auch ganz vorsichtig sein.«

Und behutsam setzte es sich hin, und wie es ein kleines Stück rutschte, da war es so lustig, daß es gar nicht zu sagen war, und heidi gings schneller und immer schneller und immer schneller. »Valderalla, valderalla, valderalla und hopsasa!« und die Löckchen flogen unter der Kapuze hervor, und das Näschen wurde immer röter, und Englein schrie vor Vergnügen, daß es sich nicht zu lassen wußte.

Bums, da saß es plötzlich auf der Erde.

»Au!« sagte Silberfältchen, rieb sich die Sitzgelegenheit und lachte. Es hatte sich aber auch gar nicht weh getan, denn es saß im tiefen weichen Schnee und wunderte sich, wie hübsch sanft die Erde sei. Es rüttelte sich und schüttelte sich und sah sich um. Da stand es vor einem breiten großen Strom, und über den Strom lief eine glitzernde Brücke von Mondenstrahlen und funkelte in den kleinen lebendigen Wellen. »Da hinüber muß ich,« dachte Silberfältchen: denn es wußte ganz genau den Weg; daran war das Licht schuld, das es am Herzchen trug.

Und so stieg's hinüber, und die Wellchen kräuselten sich unter seinen Füßen und freuten sich, daß sie solch lieb Engelskind tragen durften. Und auf einmal huben sie an, die Glocken der heiligen Nacht, und wogten und wallten über die stille Erde voll feierlichem Ernst und feierlicher Freude. Und es antwortete von allen Türmen der großen Stadt. Da faltete Silberfältchen die Händchen und ließ sich von den Klängen wiegen und tragen. Und dann stand es wieder im Schnee. Die Mondscheinbrücke lag hinter ihm, und nun war das kleine Knäblein auf einmal in der großen Stadt. Aber hier war's noch still. Hier standen die Häuser wie große dunkle Vierecke unter den verschneiten Bäumen in ihren weiten Gärten, und nur hin und wieder huschte eine vermummte Gestalt eilig durch die Dunkelheit.

Aber auf einmal klang's von hellen Kinderstimmen. Fünfe waren's oder auch sechse, die stapften durch den Schnee, sie hatten ihre Liederbüchlein unterm Arm und kamen aus der Kirche.

»Hu, wie kalt!« sagte eins.

»Aber zu Hause ist's warm,« meinte ein anderes, »und gleich kommt's Christkind, gleich.«

»Geht!« jubelten alle, »da brennt schon ein Baum.«

»O weh, o weh,« rief das Kleinste, »die haben nichts verdunkelt.«

»Heut kommen keine Flieger,« beruhigten die andern.

»Flieger?« dachte Englein. »Flieger? Ob sie uns meinen? Aber wir freuen uns doch über das Licht.«

Und husch, war Englein am Fenster und drückte sich fast das Näschen platt. In der Ferne verhallten die Kinderstimmen.

»Fröhliche Weihnachten!« rief Silberfältchen ihnen nach, aber sie meinten, es habe nur ein verschlafen Vöglein gepiept. Und weiter ging Silberfältchen und kam an ein kleines Haus, das lag mitten im Garten und war ganz dunkel. Da wußte Englein, das war sein Ziel. Und leise schlich es zur Tür und hob sich auf den Zehen und drückte schüchtern auf die Klingel. Wie pochte ihm sein Herzlein! Und wie der feine Klang durchs Haus schallte, da ging die Türe auf, und eine alte freundliche Frau stand vor dem Englein. Husch war Silberfältchen drinnen. Die alte Frau schüttelte den Kopf: »Wollte ich doch wetten, daß es geschellt hätte, und nun ist niemand draußen.«

Dann schloß sie die Türe wieder und strich ihre weiße Schürze glatt. »Nun will ich das Bäumchen hineintragen. Ein Lichtlein soll das arme Kindchen doch haben zum heiligen Christ, wenn's auch keine Mutter mehr hat.« Da nahm sie ein winzig Bäumchen, darauf brannten drei Kerzen in warmem Schein. Aber Silberfältchen faßte die weiße Schürze und trippelte neben her. Die Frau aber öffnete leise eine Tür, und da standen sie in einem dunklen warmen Zimmer, das erhielt nur Licht von dem Feuer, das hell im Ofen flackerte.

Am Feuer aber saß ein Mann und hatte den Kopf in die Hand gestützt und schaute nicht auf. Verlegen strich die Frau an der Schürze herunter: »Ich dachte, ich meinte, klein Büblein sollte doch ein Bäumchen haben, wenn's auch noch so dumm ist und wenn's auch Krieg ist; ich dachte, seine Mutter – – –«

Da winkte der Mann ab. »Ich danke Ihnen, liebes Fräulein,« sagte er müde. Sie aber stellte das Bäumchen vorsichtig auf den Tisch und ging leise wieder hinaus.

Da stand nun Silberfältchen drinnen und schaute mit großen Augen auf den stillen Mann in seiner feldgrauen Kleidung. Aber der sah nicht auf. Und auf einmal, auf einmal, da sah's ein schneeweiß Bettchen, und in dem Bettlein da lag's, ja da lag's ja – das kleine Büblein und hatte die Fäustchen an den Bäckchen und schlief. »Ach wie klein es ist, wie so winzig klein noch,« dachte Silberfältchen, »und wie lieb, wie lieb!«

Aber das Kindlein schlief unruhig und warf sein Köpfchen hin und her und verzog sein Mündlein, als ob es weinen wollte.

»Sch–sch–«, machte Silberfältchen, »nicht weinen, Büblein, nicht weinen, paß mal auf, paß mal gut auf!«

Und es setzte sich auf den Rand des Bettchens, gerade unter die Lichtlein des Tannenbaumes und zog eifrig seine kleine Engelsgeige unter dem Mantel hervor – und stimmte und – spielte.

Könnt ihr euch denken, wie ein Englein spielt? Es spielte von goldenen Sternen und grünen Himmelswiesen, es spielte von Gott Vaters Augen und vom Wasser des Lebens und spielte ihm von Weihnacht und vom Mütterlein. Das Kindlein aber lag mit großen stillen Äugen und horchte.

»Büblein, lieb Büblein, dein Mütterlein schickt dir was zum heiligen Christ,« flüsterte Englein, »das Allerschönste, das Allerbeste, was sie hat, weil du ein solch klein Kindlein bist. Nun mach deine Äuglein weit auf, nun kommt das Allerschönste.«

Und mit leisen Händen zog Englein den Kristall hervor und hing ihn am Silberkettlein ans Tannenbäumchen zwischen die Kerzen; und das leuchtete und wärmte und brannte hell und groß. Da war's Weihnacht im stillen Stüblein, und das Englein spielte.

Das Kindlein aber sah unverwandt in den leuchtenden Schein und trank und trank mit großen durstigen Augen: Leben und Liebe, Licht und Güte und Weisheit aus Gottes ewigem Born. Und das Leuchten wurde schwächer und schwächer, und dann stand nur noch das Lichtlein der Kerzen im Stäbchen, und leise verklang das Engelslied. Der Mann am Kamin erhob sich schwerfällig und strich sich über die Stirn. »Ich hab geträumt,« sagte er und trat zu seinem Kindlein. Und als er sich über es beugte, da sah es ihn an mit den Augen seiner Mutter und lächelte. Da hob es der Mann an seine Brust und weinte.

Das Lächeln aber flatterte durch den Raum wie ein kleiner lustiger Falter, und leise aufjauchzend griff Englein es mit seinen Händchen und legte es behutsam in den Kristall.

»Jetzt hab ich was für dein Mütterlein, lieb Bübchen,« sagte es, und hing das Kettchen um den Hals, und es gab einen feinen silbernen Ton. »Ei, jetzt muß ich mich aber eilen, ehe Christkind nach Hause kommt und die Englein beschert, hei Bübchen, da wird's fein!«

Und weg war Englein mit lustigem Nicken.

Es traf sich gut, draußen stand gerade ein großer bärtiger Mann und reichte ein Paket herein. Da schlüpfte Englein durch die Türritze und stand im Freien. Aber was war das? Eisig und rauh fuhr der Wind durch die Straßen. Finster war's, ganz finster, nur der Schnee gab einen ungewissen Schein. Wo war das Mondlicht geblieben? Es sah zum Himmel und suchte das Licht und suchte sein Himmelreich. Aber das Licht war erloschen.

Die Wolken hatten sich vor die Himmelsfensterlein geschoben, und Englein wußte seine Heimat nicht zu finden. Da stand's nun, das arme Englein, und seine Glieder zitterten vor Frost und sein Herzlein vor Angst. Ja das Licht aus Gottes Born, das ihm geleuchtet und das es gewärmt, das hatte es einem armen Menschenkind abgegeben und nun stand's da und wußte nicht, was es machen sollte. Es setzte einen Fuß vor den anderen und stapfte durch den tiefen Schnee und schlucke vor verhaltenen Tränen: »Ich will sehn, wie ich nach Haus komme,« und versuchte mutig zu sein.

Da kam ein Mann durch den Schnee. »Ich will ihn fragen, vielleicht kann er mir den Weg zeigen,« hoffte Silberfältchen.

»Ach, lieber Mann,« sagte es mit feiner Stimme und blieb vor ihm stehn, »weißt du nicht den Weg zum Himmelreich?«

»Zum Himmelreich!« sagte der Mann, »mit so was geb ich mich nicht ab, aber laß dich mal besehen, du seltenes Vögelchen,« und damit griff er mit rohem Lachen nach dem armen Englein.

Das flatterte davon in heißem Schreck und lief und lief, fort, nur fort von den bösen Menschen. Und es lief über die weiten weißen Felder und in den dunklen Wald und konnte sein Himmelreich nicht finden. Tief hingen die Zweige zur Erde und versperrten ihm den Weg, und dann fing's an zu schneien.

Immer dichter fielen die weißen Flocken, immer weißer wurden die dunklen Tannen. Sie standen da wie riesige Weihnachtsbäume, aber Englein sah es nicht, es war so müde und heimwehkrank. Da setzte es sich in den Schnee und weinte bitterlich.

Und wie es so da saß im tiefen Tann, siehe, da klang auf einmal ein feines, feines Glöcklein, erst ganz von weitem, dann immer näher. Englein wußte nicht, wie ihm war, es hob sein verweintes Gesichtchen, preßte unter den einen Arm sein Geiglein, hielt mit dem anderen sorgsam den Himmelskristall unter dem Mäntelchen fest und dann stolperte es durch den Schnee und lief mit roten Bäckchen und glänzenden Augen dem Klange nach.

Und da – und da, ja, was kam denn da? Ein Eselein kam und

trug auf seinem Rücken ein wunderlieblich strahlend Kind. Das Christkind, das Christkind! Und ihm zur Seite stampfte Knecht Ruprecht in weitem, warmem Pelz und führte das Eselein am Zügel.

»Christkind, Christkind!« schrie Silberfältchen mit Jauchzen.

»Silberfältchen, du? Wie kommst du denn hierher in den kalten Wald, du Spielenglein? Und hast geweint, Kleines, und hast solch blaues Näschen. Und kannst nicht nach Haus finden? Sollen wir dich mitnehmen?«

»Ach bitte, bitte!« lachte Englein unter Tränen.

»Freilich, es wird auch Zeit,« lächelte Christkind, »ich bin jetzt fertig auf Erden und wollte gerade ins Himmelreich, meinen Englein den Baum anzünden. Die trippeln schon vor Ungeduld von einem Fuß auf den anderen. Nimm ihn, Ruprecht, nimm ihn in deinen weichen Mantel und wärme ihn, den armen durchfrorenen Frosch. Sag, Hunger hast du auch wohl? Sei nur still, heute gibt es ja Kuchen.«

Und Ruprecht nahm Silberfältchen in seinen weiten schützenden Mantel, und das schmiegte sich an ihn und meinte, es wär' schon im Himmel. Und so wanderten sie zum Himmelreich zur Christbescherung, und das Glöcklein ging kling-kling, und Silberfältchen hatte was Wunder-Wunderschönes in seinem klaren Kristall – das erste Lächeln eines Kindes – und wußte, daß es eine arme Seele selig machen würde, und faltete die Händchen und freute sich.

Georg Ebers

Die Nüsse

Der verwundete Oberst, den wir in unserem Hause gesund pflegten, durfte nur wenig gehen, und wenn er am Nachmittag etwas herumspaziert war, mußte er auf dem bequemen alten Lehnsessel, den wir den Großvaterstuhl nannten, Ruhe suchen.

In der Dämmerstunde steckte unser lieber Gast die zweite von den drei Pfeifen an, die der Doktor ihm jeden Tag zu rauchen gestattete, gab den Kindern ein Zeichen, und das junge Volk folgte ihm schnell genug; denn es hörte seine Geschichten so gern, wie es ihm gut war.

Freilich durfte der Genesende noch nicht länger als eine halbe Stunde hintereinander erzählen; denn seine Wunden waren so schwer gewesen, daß unser vielerfahrener Chirurg versicherte, es widerspreche den Naturgesetzen und sei eigentlich ein Unding, daß dieser Mann überhaupt noch unter den Lebenden wandelte.

Was seine Geschichten angeht, so hatten sie nie verfehlt, das Interesse der Zuhörer wach zu erhalten, und dies verdankten sie zum Teil dem Umstande, daß sie gewöhnlich abgebrochen werden mußten, wenn die Spannung eben den Gipfel erreicht hatte.

Dazu klang die tiefe Stimme des Erzählers viel leiser, als seine breitschulterige Hünengestalt es erwarten ließ, und es lag in ihrem gedämpften, oft flüsternden Ton ein geheimnisvoller Zauber nicht nur für die Kleinen.

Daß der Oberst unsern sechsjährigen Hermy seinen Geschwistern recht auffällig vorzog, dankte das Kind wohl besonders dem Befehlshaberblicke, mit dem der alte Soldat es einmal zum Weinen gebracht hatte. Seitdem war Hermy so entschieden sein »Herzblatt« geworden, daß er ihn sogar den Schwesterchen vorzog, die es ihm zuerst angethan zu haben schienen, und niemals will ich die zärtlichen, beinahe mütterlich innigen, liebkosenden

Töne vergessen, die wir aus der breiten Brust dieses Graubartes mit dem großen runden Haupte und dem echt mannhaften Antlitz vernahmen, während er den Kleinen zu trösten versuchte.

Es war wunderbar, wie dieser an Gehorsam gewöhnte und wegen seiner schneidigen Thatkraft bekannte Kriegsheld unter den Kindern zum Kind werden konnte. Er hatte ein geliebtes Weib, ein Söhnchen in Hermys Alter und eine Tochter in jungen Jahren dahinscheiden sehen, und unsere heranwachsende Schar mochte ihn an die verlorenen eigenen Schätze erinnern.

Was seine Geschichten angeht, so wußte er sie aufs schärfste zu sondern. Einige begann er mit den Worten: »Da bin ich«, und sie hielten sich immer streng an der Wahrheit, die anderen aber begannen: »Es war einmal«, und während jene sich auf das eigene reiche Leben des Obersten bezogen, waren diese teils bekannte, teils frei erfundene Märchen, worin es von Feen und Geistern, Elfen und Gnomen, Zauberern und Drachen, Wichtelmännchen, Nixen, Lorinnen und Zwergen wimmelte.

Jetzt kam die Weihnachtszeit heran und morgen – am Heiligabend – sollte der Christbaum angezündet werden. Am dreiundzwanzigsten Dezember, kurz vor dem Erzählungsstündchen, kam der kleine Hermy nach Hause und zeigte den Geschwistern die winzigen Geschenke, die er gekauft: für den Vater ein Stück Gummi, für die Mutter einen Bleistift, für die Großmama eine Tüte voller Nüsse, sowie ähnliche Dinge, die, so klein sie auch waren, doch sein ganzes erspartes Taschengeld aufgezehrt hatten.

Die älteren Brüder, denen er strahlend vor Freude diese Herrlichkeiten wies, zeigten indessen keineswegs die Bewunderung, die er erwartete, sondern neckten ihn als echte Flegel, die sie damals gerade waren, und machten sich – einer Schwester gegenüber wären sie vielleicht weniger unzart gewesen – über »die großartigen Geschenke« des Brüderchens lustig.

Mein Karl erlaubte sich die Frage, was der Vater, den doch kein Mensch jemals zeichnen gesehen hatte, mit dem Gummi anfangen solle, und Kurt fügte hinzu, der Großmama wüchsen im eigenen Garten mehr Nüsse zu, als sie alle zusammen an zehn Weihnachtsabenden bekämen.

Da traten dem Kleinen helle Thränen in die Augen, und er warf einen recht bekümmerten Blick auf die verachteten Schätze, an denen er sich eben noch so herzlich gefreut; ja er schluchzte leise auf, und mit einem betrübten: »Aber ich hatte ja nicht mehr!« steckte er die entwerteten Kleinodien in die Tasche.

Der Oberst war dem allen schweigend gefolgt, jetzt aber zog er den Liebling zu sich heran, küßte ihn und streichelte ihm die blonden Locken. Dann forderte er ihn freundlich auf, sich ganz dicht neben ihm auf die Fußbank zu setzen, gebot den anderen Kindern, sich gleichfalls niederzulassen, und Karl und Kurt, die Ohren recht weit offen zu halten.

Meine Frau und ich, die von diesem Vorgang erst später erfuhren, traten eben auch in das Zimmer und baten den Obersten, mit zuhören zu dürfen. Das wurde gern bewilligt, und nachdem man die Lampen gebracht hatte – denn es war später als sonst geworden – strich der Oberst sich den dichten Schnurrbart länger und sorgfältiger als sonst und begann, nachdem er kurze Zeit stumm vor sich hingeschaut hatte: »Meine Geschichte soll heute heißen: ›Die Nüsse‹. Gefällt Dir das, Hermy?«

Der Kleine lächelte ihn erwartungsvoll an und nickte dazu mit dem Kopfe; er aber begann:

»Ihr meint gewiß, Kinder, – und das ist verständig – es sei von den Toten noch keiner zurück gekehrt, und kein Mensch könne darum wissen, wie es droben im Himmel und unten in der Hölle aussieht; aber ich – schaut mich nur an – ich hier bin doch im stande, etwas davon zu erzählen.«

Hier machte er eine kleine Pause, weil meine Frau ihm mit der Pfeife und dem Fidibus genaht war; die Kinder aber schauten einander fragend und bedenklich an; denn dies war die erste Geschichte des Obersten, die nicht mit dem »Da bin ich« oder »Es war einmal« anfing, und von der sich also nicht gleich sagen ließ, ob sie wahr sei oder erfunden. Wolfgang, mein dreizehnjähriger Aeltester, der auch die jüngeren Knaben schon gern »die Kleinen« nannte und ein echter Sohn seiner Zeit zu werden anfing, entschied sich freilich sofort für das letztere; aber auch er richtete sich höher auf und warf mir einen fragenden Blick zu, als der Oberst fortfuhr:

»Die beiden Kugeln hier drinnen und der Säbelhieb in der Schulter – ihr wißt ja, wie und wo ich dazu kam ... Kurz, am Nachmittag sank ich damals vom Pferd in das Gras, und erst am nächsten Morgen wurde ich von den Krankenträgern gefunden und auf den Verbandplatz geschleppt. Da machten sie mich wieder lebendig. In der Zwischenzeit – einen halben Tag und eine ganze Nacht hat es gewährt – bin ich kein lebendes Menschenkind gewesen wie ihr hier und die anderen zweibeinigen, bisweilen mit Vernunft begabten Geschöpfe.«

Dabei ließ er den sonderbar scharfen Blick vielsagend von Karl zu Kurt schweifen; die Mädchen aber faßten einander bei der Hand, und es sprach ihnen aus den Augen, daß sie es bedenklich fänden, einem ehemaligen Toten so dicht gegenüberzusitzen. Ein Glück nur, daß der Auferstandene so gut war und ganz zweifellos lebte; denn das bewies seine Rede und der Dampf, den er bei jeder Pause in die Luft blies.

»Ja, Kinder,« begann der Oberst von neuem, »ein großes Wunder hat sich mit mir altem Manne begeben. Der lange Leib hier, der lag unter stöhnenden Menschen, verendenden Pferden, zerbrochenen Kanonenlafetten, Munitionswagen, Granatensplittern und fortgeworfenen Waffen auf dem blutigen Rasen; die Seele aber – ein gar zu schlimmer Sünder muß ich doch nicht gewesen sein hienieden – die Seele, die durfte sich's indes Wohl sein lassen im Himmel. Eins, zwei, drei – so schnell, wie ihr nur denken könnt: ›Das ist ein Apfel‹ oder ›Die blonde Ina hat eine hübsche Puppe im Schoß‹ – war sie droben. Und nun – ich seh' es euch an – nun mochtet ihr wissen, wie's im Himmel aussieht, und ich kann's euch, weiß Gott, nicht verdenken; denn schön ist's da freilich, wunderschön, aber leider, leider, nicht einmal versuchen darf ich, es zu beschreiben. Das muß nämlich für die Lebenden ein Geheimnis bleiben, weil – aber das geht euch nichts an, und es bekäme mir übel, wenn ich plaudern wollte.«

Hier wurde der Oberst durch manche Aeußerung des Bedauerns unterbrochen; doch fuhr er unbeirrt und in beschwichtigendem Tone fort:

»Laßt es nur gut sein. Auf Schilderungen mich einzulassen, ist mir freilich verboten; einzelnes von den Erlebnissen da oben euch mitzuteilen, das wird indes schon angehn. So hört denn! Daß die Hölle unterhalb des Himmels gelegen ist, habt ihr schon, sollt' ich denken, irgendwo vernommen. Natürlich können die seligen Toten für gewöhnlich nichts von den Qualen der Verdammten hören und sehen; denn das würde ihnen die Freuden des Paradieses ganz und gar verderben; aber manchmal – ich glaube einmal im Jahre – ist es den Verklärten dennoch gestattet, in die Hölle zu schauen. Es hat aber damit eine besondere Bewandtnis. Wenn nämlich das Kuppeldach, das die Hölle den Blicken der Himmelsbewohner entzieht, aufgethan wird, so geschieht es zum Besten der Verdammten; denn der Herr gestattete in seiner Gnade, daß die Seligen sich die in der Hölle ansehen, um, wenn sie einen unter ihnen finden, von dem sie etwas Gutes selbst genossen oder auch nur durch andere vernommen haben, dies dem heiligen Petrus zu melden. Gefällt dem nun das Löbliche, das der jetzige Höllenbewohner einmal vor dem Tode auf Erden gethan, so kann er ihm deswegen die Zeit der Strafe kürzen oder ihn freisprechen und ihm sogleich das Himmelsthor öffnen.

Was mich betrifft, so gelangte ich gerade am Tage einer solchen Höllenschau ins Paradies und bekam dadurch merkwürdige Dinge zu schauen. Uf! Das war der schwerste Teil meiner Geschichte, und ihr habt ihn hoffentlich verstanden?«

Damit suchte der Blick des Erzählers wiederum den der Kinder, doch lag diesmal nichts Verweisendes darin; er war vielmehr fragend, und als von all den jungen Lippen ein lautes »Ja« und »Gewiß« erscholl, glänzten die Augen des Obersten hell auf, und sein schweres Haupt nickte freundlich, als er fortfuhr:

»Daß die Seligen barmherzig und froh bereit sind, das Elend der Unglücklichen, wie sie auch heißen und wo sie sich immer finden mögen, zu mildern, das versteht sich von selbst, und ich brauche euch darum nicht zu beschreiben, wie eifrig sie suchen, sich einer guten That zu erinnern, die den einzelnen Verdammten etwa nachzurühmen wäre. Aber Sankt Petrus ist ein so gerechter wie milder Richter; und so fällt denn diese Nachlese spärlich aus, und wenige finden noch etwas Gutes, das der Erwähnung wert wäre, an den armen Verdammten. Auch mir war es gestattet, in den gräßlichen Ort der Qualen hinunterzuschauen, und was ich dort zu sehen bekam, war furchtbar schrecklich. Denkt es euch, wie ihr wollt! Als ich endlich das Entsetzen, das mich erfaßte, überwunden hatte, gewahrte ich eine ganze Menge von Damen und Herren, die ich auf Erden gekannt. Unter ihnen waren so manche, die mir besonders fromm und tugendhaft vorgekommen waren und die ich weit eher an einem bevorzugten Plätzchen im Himmel, als da unten zu finden erwartet hätte; doch gerade von ihnen wußten die wenigsten Seelen etwas zu vermelden, das aus reiner, selbstloser Güte vollbracht worden wäre. Von diesem oder jenem wurde zwar eine That hervorgehoben, die fromm, ja erhaben genug aussah, – aber da drüben liegen auch die Beweggründe der menschlichen Handlungen und die Gesinnung, aus der sie hervorgegangen sind, offen zu Tage, und die war immer so beschaffen gewesen, daß denen, die schöne Thaten verrichtet hatten, auch die großartigsten Liebeswerke nicht zu gute geschrieben werden konnten. Ihre frommen Werke hatten nur bezweckt, von den Menschen gesehen zu werden oder ihnen etwas einzubringen, das dem Ehrgeiz schmeicheln, den Neid anderer erwecken oder ihren Reichtum auf sonderbaren Nebenwegen vergrößern sollte. Vielleicht versteht ihr nicht ganz, wie das gemeint ist; aber das thut nichts. Die Mutter mag euch so viel davon erklären, wie sie für recht hält.

Die armen Enttäuschten, sowie die Unglücklichen, für die sich keine Stimme erhob, thaten mir herzlich leid, doch ich konnte ihnen nicht helfen.

Unter ihnen bemerkte ich auch eine Frau, die ich auf Erden sehr wohl gekannt hatte, und der, meinte ich, geschehe es schon recht, daß sie verdammt worden sei. Ich erwartete auch gar nichts anderes, als sie hier wiederzufinden. Ihr wißt ja nicht, Kinder, was ein kaltes Herz ist, aber das dieses Weibes war hier unten von Eis oder Stein gewesen; denn obwohl sie weit mehr besessen hatte, als sie bedurfte, war sie nicht durch die rührendsten Bitten der ärmsten Armen zu bewegen gewesen, ihre Not zu lindern. Um eigene Neigungen zu befriedigen, hatte sie Nebenmenschen ausgenutzt und geschädigt. Ohne auch nur eine Seele recht zu lieben, war sie – des glaubte ich gewiß zu sein – durchs Leben gegangen, und darum hatte niemand ihr gut sein mögen, und einsam war sie gestorben. Elend wie in der Hölle ist sie, denk' ich, schon hienieden gewesen; denn wer kann sich wohl glücklich fühlen, der nicht liebt und geliebt wird?

Für sie, sagt' ich mir, werde sich gewiß keine Stimme erheben. Doch ich hatte mich geirrt; denn da schwang sich auf einmal ein besonders holdseliges Engelskind mit blau und weißen Flügeln an mir vorüber. Ohne die geringste Scheu flog es auf den heiligen Petrus zu, der mit dem großen Bart und dem mächtigen Schlüssel in der Hand gebieterisch genug aussah, wies mit dem kleinen Zeigefinger auf die hartherzige Frau und rief: ›Die da schenkte mir einmal eine Hand voll Nüsse!‹

›So, so,‹ versetzte der hohe Hüter des Himmels. ›Das war zwar wenig, und doch klingt es erstaunlich; denn das Weib dort hat sich sonst bei Lebzeiten von keiner Stecknadel getrennt. Aber Du, Kleines, was warst Du denn auf Erden?‹

›Das arme Hannele hieß ich,‹ versetzte der Engel. ›Ich bin vor Hunger gestorben, und nur einmal hat mir ein anderer Mensch etwas geschenkt, woran ich mich freuen konnte, und das ist die Frau dort gewesen.‹

›Merkwürdig,‹ erwiderte Petrus und strich den langen weißen Bart. ›Gewiß hat sie Dich mit den Nüssen für einen Dienst recht spärlich belohnt.‹

›Nein, nein,‹ versetzte der Engel lebhaft.

›So erzähle denn genau, wie es kam,‹ befahl der Apostel, und die kleine liebliche Seele gehorchte schnell und begann:

›Die kranke Mutter und ich wohnten noch in der Stadt ganz allein; denn der Vater war tot. Um Weihnachten hatten wir gar nichts mehr zu essen. Da machte die Mutter, obwohl sie im Bett lag und der Kopf und die Hände ihr glühten, Schäfchen aus kleinen Holzstäben und Watte, und ich half ihr dabei und trug sie auf den Christmarkt. Da saß ich auf einer Treppe und bot sie den Leuten an, aber keines wollten sie haben. So vergingen die Stunden, und es war sehr kalt, und das Knie mit der offenen Wunde, die doch keiner sah, that mir so weh, und der Frost an den Fingern und Zehen brannte und kitzelte schrecklich. So wurde es Abend, und die Laterne über mir war schon angesteckt worden. Aber nach Hause konnte ich doch nicht; denn erst einer hatte mir ein Kupferstück in den Schoß geworfen, und ich brauchte doch mehr, um etwas Brot und Kohlen zu kaufen. Der eigene Schmerz that weh, aber daß die Mutter ohne mich daheim lag und keiner da war, um ihr etwas zu reichen und sie zu stützen, wenn die Atemnot sie packte, das that noch weher. Ich hielt es kaum mehr aus auf dem harten, kalten Treppenstein und hatte die Augen voll Thränen. Da lud man ein Faß vor dem Haus ab, und wie die Markthelfer es über den Bürgersteig in den Laden neben mir wälzten, wurden die Vorübergehenden aufgehalten, und die Frau dort – ich erkenne sie wohl – blieb vor mir stehen. Nun bot ich ihr ein Schäfchen an und schaute ihr mit den nassen Augen ins Antlitz. Aber das war so hart und starr, daß ich denken mußte: Die gibt dir nichts! Doch es kam anders; denn plötzlich war es, als glätteten sich ihre Züge, und ihr Blick erwärmte sich wirklich. Er traf auch den meinen, und bevor ich mich dess' versah, griff sie in die Tüte, die sie auf dem Arm trug, und warf mir eine Handvoll Nüsse in den Schoß. Indes war die Tonne in den Laden gerollt worden, und der gestaute Menschenstrom wollte die Frau mit sich fortreißen; sie aber kämpfte gegen ihn an. Es war gar nichts Leichtes, und sie that es nur, um mir noch eine zweite, eine dritte und vierte Handvoll von den allerschönsten Walnüssen zuzuwerfen. Ich seh' es noch vor mir, als wär' es heute geschehen! Und sie griff dann auch in die Tasche, gewiß um mir Geld zu geben, doch das Drängen der Leute war so stark, daß sie ihm nicht länger widerstehen konnte. Sie hörte wohl auch kaum noch, wie ich ihr dankte.‹

Hier schwieg der Engel und warf der verdammten Frau eine Kußhand zu; Sankt Petrus aber fragte diese, wie sie, die sonst jeden Armen mit Härte von sich gewiesen, dazu gekommen sei, dies Kind so hübsch zu beschenken.

Da schluchzte das Weib in der Hölle laut auf und versetzte: ›Die feuchten Augen der Kleinen hatten mich an mein Schwesterchen erinnert, das unter Schmerzen starb, bevor ich hart geworden war und schlecht, und dabei ist es sonderbar – ich weiß selbst nicht wie – über mich gekommen. Es war, als erweiche sich mir das Herz, und etwas hier drinnen sagte mir, ich würde mir selbst zeitlebens gram sein und noch unglücklicher werden, als ich es ohnehin war, wenn ich dem Kind am heiligen Christ keine Freude bereitete. Am liebsten hätt' ich es an mich gezogen und herzinniglich geküßt. Nachdem ich ihm die Hälfte der Nüsse zugeworfen, die ich eben gekauft, wurde mir auch so froh zu Mut, wie mir lange nicht gewesen, und ich hätte ihm gewiß und wahrhaftig auch Geld geschenkt, wenn auch nur wenig ...‹

Aber Petrus ließ sie nicht weiter reden. Er hatte genug gehört, und da er wußte, daß es keiner Seele im Himmel und in der Hölle möglich ist, eine Unwahrheit zu sagen, nickte er dem Weibe zu und versetzte: ›Das war allerdings etwas Gutes; doch ist es zu leicht und genügt nicht, die Schale zu heben, auf die wir Deine schlechten Thaten bei der Wägung Deiner Handlungen legten. Vielleicht wird Deine Strafe gemildert. Doch Du bist drunten mit Gütern reich gesegnet gewesen, und wie wenig galten Dir ein paar Nüsse! Was Dich antrieb, sie zu verschenken, war dem Herrn wohlgefällig, gern geb' ich es zu; doch, wie gesagt, die Gabe war zu gering, als daß Du um ihretwillen aus der Hölle entlassen werden könntest.‹

Damit ging er von dannen; doch eine helle Stimme von wundervollem Wohllaut rief ihn zurück. Es war die des Heilandes, und er selbst trat mit majestätischer Gelassenheit auf den Apostel zu und sprach: ›Laß uns erst sehen, ob das Almosen, wovon wir hier hörten, wirklich so gering war, daß es der sündigen Seele dort nicht zu gute kommen könnte. Gib uns zu hören, Kind‹ – und damit wandte er sich an den Engel – ›was mit den Nüssen geschah.‹

›O, lieber hoher Heiland,‹ versetzte der Engel, ›die Hälfte hab' ich mir munden lassen und dabei auch Deiner gedacht; denn ich war der Meinung, daß ich sie Deiner Güte verdankte und daß es mein „Christkindchen" sei, wie die Leute in der Stadt, wo wir wohnten, ein Weihnachtsgeschenk nennen.‹

›Siehe doch, Petrus,‹ unterbrach hier der Heiland den Engel, ›schuld' ich es nicht den Nüssen jener Frau, daß mir eine reine Kinderseele zugeführt wurde? Und schon das ist nichts Kleines! Doch was geschah weiter mit ihnen?‹

›Ich naschte die meisten auf,‹ antwortete die Kleine, ›doch am Christabend gab es dazu noch anderes zu essen; denn die Leute, die mich angesehen hatten, wie mir die Frau etwas in den Schoß warf, waren aufmerksam auf mich und mein armes, verhärmtes Gesichtchen geworden, und bald hatt' ich die sechs Schäfchen verkauft, und dazu war mir noch mancher Dreier und Groschen, ja sogar ein ganzer Thaler in die Schürze geflogen. Davon konnt' ich mancherlei für die Mutter kaufen, das ihr so notthat, und wenn sie auch am Neujahrsmorgen starb, so durfte sie sich doch in den letzten Tagen mancherlei Erleichterung gönnen.‹

Da warf der Heiland Petrus wiederum einen bedeutungsvollen Blick zu, und ein großer, schöner Engel, die Seele der Mutter des armen Kindes, begann: ›Wenn Du es gestattest, hoher Herr Jesus, so möcht' auch ich ein Wort zu Gunsten der Verdammten dort sagen. Bevor das Hannele mit den Nüssen heimkam, lag ich ganz ohne Trost und Halt in schwerem Leid darnieder. Den Glauben hatt' ich verloren; denn keines meiner Gebete war erhört worden, und ganz verbitterten Herzens meinte ich, Du, der doch den Armen hold warst auf Erden, und Dein himmlischer Vater hättet unser und unseres Elends ganz und gar vergessen, um die Reichen mit desto größeren Gaben zu überhäufen. In meinem und des Kindes Jammer hatt' ich den Tag verfluchen gelernt, an dem wir geboren. O, wie wüst sah es in mir aus, während das Hannele die Schäfchen feil bot und gar nicht heimkehren wollte, obwohl ich seiner so nötig bedurfte; denn mich durstete so, daß der Gaumen wie Feuer brannte, und die erstickenden Anfälle blieben auch nie lange aus und wurden fast unerträglich, wenn keines da war, um mich in die Höhe zu richten. Da schalt ich diejenigen Lügner, die uns Armen einreden wollten, ein gütiger Vater im Himmel nenne auch uns seine Kinder und sorge für uns. – Wie aber das Hannele heimkehrte und das Lämpchen anzündete, und ich sein liebes Gesichtchen, das schon lange nicht mehr gelächelt, und aus dem ich nichts gelesen hatte als Jammer und Schmerz, leuchten und strahlen sah vor Freude und dann die Nüsse erblickte und die anderen guten Sachen, die es brachte, und sie auch genoß, da erhob ich das arme Herz in neuer Zuversicht zu Dir, mein Herr, und Deinem gütigen Vater, und der Dank hier drinnen hörte nicht auf bis ans Ende, und wenn ich nun im Anblick Eurer Herrlichkeit der himmlischen Freuden genieße, so dank' ich das doch wohl der Frau dort, und daß sie so gut war, dem Hannele die Nüsse in das Schürzchen zu werfen.‹

Da nickte ihr Petrus bestätigend zu. Dann verneigte er sich vor dem Heiland und sagte: ›Die kleine Gabe jener Unseligen wirkte allerdings Größeres, als ich annehmen konnte; doch wenn ich Dir mitteile, eine wie große Sünderin sie auf Erden gewesen …‹

›Ich weiß,‹ fiel ihm hier der Heiland ins Wort. ›Bevor wir aber über das Schicksal dieses Weibes entscheiden, laß uns doch vernehmen, was das Kind mit den Nüssen that, die es übrig behielt; denn wir hörten ja, daß es nicht alle vernaschte. Nun, Englein, wohin sind die letzten gekommen? Erzähle! Gern hören wir Dir zu.‹

Da begann das Hannele von neuem: ›Nachdem sie die Mutter begraben hatten, brachten sie mich aufs Land ins Gebirge; denn sie sagten, die Stadt hätte nicht für mich zu sorgen, sondern die Gemeinde des Dorfes, wo meine beiden Eltern geboren. Dahin brachte man mich denn auch. Die sechs Nüsse, die ich aufgehoben, hatt' ich mitgenommen, um damit zu spielen. Das that ich, wie es Frühling wurde, am liebsten ganz für mich allein auf dem kleinen Rasenplatz hinter dem Armenhause, in dem ich das einzige Kind war; denn es wurden dort außer mir nur noch drei alte Weiblein zu „Tode gefüttert", wie die Bauern und Weber des Dorfes es nannten. Von meinen Gefährtinnen waren zwei blind und die dritte brütete nur noch stumpf vor sich hin. Sie merkten auch gar nicht, was um sie her vorging; mir aber weitete das Herz sich aus, als rings um mich her alles wuchs und sproßte, knospte und so fröhlich erblühte. Die Brust that mir immerfort weh, und doch hatte ich meine Freude an dem allen. Wohin ich schaute, wurde gesät und gepflanzt. Das sah ich zum erstenmal, und nun überkam mich das Verlangen, auch einmal der guten Erde etwas anzuvertrauen, das für mich keimen und sprießen, ergrünen, wachsen und groß werden sollte.

Da steckte ich denn vier von meinen sechs Nüssen in die Erde. Ich legte sie so weit auseinander, wie es auf dem kleinen Raume nur anging; denn waren aus meinem Samen erst große Bäume geworden, so sollten sie einander nicht im Wege stehen und die Luft und den Sonnenschein nehmen, die ich beide so dankbar genoß. Ich sah meine Nüsse auch keimen; doch was dann aus ihnen wurde, erlebte ich nicht mehr da unten; denn zwei Jahre, nachdem ich sie gesät, brach die Hungersnot aus, und die armen Weber, die das Gebirgsdorf bewohnten, hatten kaum genug, um Weib und Kind zu ernähren. Für das Armenhaus blieb wenig übrig, und weil ich ohnehin siech war, konnte ich der Not nicht widerstehen, und ich war die erste, die an dem schrecklichen Fieber starb, das der Hunger hervorruft.

Dem Sack, worin sie mich begruben – denn wer hätte den Sarg wohl bezahlt? – ist nur die Stumpfsinnige und eine der Blinden gefolgt. Die letzten beiden Nüsse hatt' ich mit den Alten geteilt. Jedes bekam eine halbe, und wie mundete doch das winzige

Stückchen uns allen vieren; denn solch ein Leckerbissen wird zur Wohlthat, wenn die Zunge lange nichts kostete als etwas Brot und Kartoffeln. Die anderen Nüsse sah ich von hier oben aufsprießen und zu Bäumen erwachsen. Sie bekamen alle vier gerade Stämme und schöne dichte Kronen. Unter dem einen, der neben der Quelle stand, die sie jetzt den Frischbrunnen nennen, errichtete ein alter Zimmergesell, der ins Armenhaus kam, eine Bank.‹

Hier unterbrach ein anderer Engel den kleinen Erzähler mit der Frage: ›Meinst Du den Nußbaum in Dorbstädt?‹ Und als er eine bejahende Antwort erhielt, rief er eifrig: ›Ich, Herr, ich bin der alte Zimmergesell gewesen, und in meinen letzten Sommern hab' ich mir nichts Lieberes gewußt, als unter dem Nußbaum am Frischbrunnen zu sitzen, meiner Verstorbenen, die ich bald bei Dir wiedersehen sollte, zu denken und mein Pfeifchen zu rauchen. Im Herbst ist auch manch dürres Blatt von der Krone des Baumes unter den teuren Tabak gewandert.‹

›Und ich,‹ fiel ein früherer Hausirer dem Zimmermanne ins Wort, ›auch ich vergaß den Nußbaum gewiß nicht; denn unter ihm setzte ich meinen Kram immer nieder, wenn er mir die Schultern zusammengepreßt hatte, und in seinem Schatten ruhte ich die todmüden Glieder aus, bevor es ins Dorf ging.‹

›Ich auch! Wie so manchesmal hab' ich unter der Krone dieses Baumes an heißen Sommertagen gerastet und Erfrischung gefunden,‹ rief der frühere Postbote von Dorbstädt und mit ihm ein Lastträger, der gleichfalls von daher in den Himmel gekommen.

›Aber,‹ fuhr der letztere fort, ›schon vor mehreren Jahren sind die Nußbäume umgehackt worden.‹

›Ich sah es,‹ fügte die verklärte Seele des Hannele hinzu, und man hörte ihr an, wie sehr sie dies bedauerte. ›Sie wurden gefällt, als man das Armenhaus abtrug; aber der hohe Sohn Gottes weiß wohl jetzt schon, was er zu erfahren begehrte.‹

›Nein, nein,‹ versetzte der Heiland. ›Es wäre mir noch lieb, zu erfahren, was aus dem Holz dieser Bäume wurde.‹

Da erhoben mehrere Selige zugleich die Stimme; denn von den armen Leinewebern ans Dorbstädt waren die meisten der himmlischen Seligkeit würdig befunden worden; Sankt Petrus aber gebot Ruhe und gab demjenigen, welcher zuletzt angekommen war, das Wort.

›Ich bin,‹ begann dieser, ›der Arzt in jenem Dorfe gewesen und mußte die Erde verlassen, weil auch mich die Seuche hinraffte, von der viele arme Leute dort unten ergriffen worden waren und gegen die ich mit gar schwerer Mühe, doch leider nur mit geringem Erfolg angekämpft hatte. Ueber alles, was Du etwa noch zu wissen wünschest, Herr, kann ich Auskunft erteilen; denn volle fünfundvierzig Jahre hab' ich da meine geringe Kunst den armen Kranken gewidmet. Wie das Hannele – es geschah vor meiner Zeit – in unserem Armenhause starb, war das Elend noch bitterer als jetzt. Die Weber wurden von den großen Händlern übel ausgebeutet, bis ein unternehmender Mann eine Fabrik bei uns baute und ihnen bessere Löhne zahlte. Weil nun die Bevölkerung wuchs und es viele Kranke ringsum gab, denen es an der nötigen Pflege gebrach, genügte das baufällige Armenhaus, in das man auch die Leidenden brachte, nicht mehr, und darum errichtete die Gemeinde Hand in Hand mit dem Fabrikbesitzer ein Hospital für die ganze Gegend, und es kam auf die Stelle des alten Armenhauses zu stehen. Da mußten denn die schönen Nußbäume, die der Engel dort gesät, umgehauen werden. Es that mir wehe genug, dies anordnen zu müssen, doch der Platz, den sie beschatteten, war uns nötig; denn es galt im großen und kleinen zu sparen, und so benutzten wir denn auch das Holz der gefällten Bäume und ließen Bretter daraus schneiden.‹

Hier unterbrach eine Seele den Arzt: ›Ich lag in einem der Betten, die man aus jenem Holze verfertigt. Daheim war eine Schütte Stroh mein Lager gewesen, und wie schlecht ruhte sich's darauf, als das Fieber mich schüttelte. Im Krankenhause, da wurde es anders, und wie ich in das gute Bett kam, fühlt' ich mich schon wie im Himmel.‹

›Und ich,‹ rief ein breitgeflügelter Engel, ›bin zehn Jahre lang auf den Krücken gegangen, die man aus dem Nußbaum beim Frischbrunnen fertigte, und der alte Konrad drunten bedient sich ihrer noch immer.‹

›Auch die meinen,‹ fiel ein anderer ein, ›waren von diesem Holze. Ich hatte lange darniedergelegen, an ihnen aber lernte ich wieder gehen und vor dem Webstuhle stehen, und so wurde es mir wieder möglich, den Meinen Brot zu erwerben. Dem da, der aus Hochdorf stammt, ist es ebenso ergangen, und der Stelzfuß des Chausseeeinnehmers Wilhelm, der kurz vor mir hier Aufnahme fand, war auch von dem Nußholz.‹

›Ich hab' ihm in anderer Weise zu danken,‹ sagte ein schöner Engel, indem er das gekrönte Haupt tief vor dem Sohne Gottes neigte. ›Mein Los da unten ist ein gar schweres gewesen; denn ich wurde früh zur Witwe, und ganz allein mit meiner Hände Arbeit zog ich die Kinder heran. Ich brachte sie auch bei hartem Schaffen gut in die Höhe, und aus meinem kleinen Kleeblatt sind rechtschaffene, tüchtige Männer geworden, die auf sich selbst und die Mutter etwas hielten. Aber alle drei, mein Herr, – da schweben sie – entriß mir der unerforschliche Ratschluß des himmlischen Vaters. Zwei fielen im Kriege, und der letzte kam bei der Arbeit durch die Maschine ums Leben. Das brach mir die Kraft, und wie sie mich ins Krankenhaus brachten, war ich der Verzweiflung nahe, und das Leben drückte mich wie eine grausame Last. Da war eben Dein Bild, mein Erlöser, fertig geworden, das ein Bildhauer aus dem Holz eines der Nußbäume am Frischquell geschnitzt, und sie befestigten es meinem Bett gegenüber. Es zeigte Dich, mein Herr, am Kreuze, und Dein schmerzlich geneigtes Haupt mit der Dornenkrone bot einen gar beweglichen Anblick. Dennoch achtete ich seiner nur wenig; eines Morgens aber – es war gerade am Sterbetag meiner beiden Jungen, die neben einander als wackere Verteidiger des Vaterlandes das blühende Leben gelassen – an jenem Morgen streifte die Sonne Dein bekümmertes Antlitz und Deine blutenden Hände, die die gräßlichen Nägel durchbohrten, und da kam mir in den Sinn, wie schwer Du unschuldig gelitten, um uns zu erlösen, und was es Deine Mutter gekostet haben muß, ein solches Kind so zu verlieren. Da frug mich eine Stimme, ob ich denn ein Recht habe, zu klagen, wenn der eigene Sohn des Hergotts so große Qualen freiwillig auf sich genommen, und der erhabensten der Frauen so furchtbares Leid beschieden gewesen. – Ich mußte das verneinen und nahm mir vor, geduldig zu tragen, was mir, einem armen, sündigen Weiblein, auferlegt worden. Von da an ist mir Dein Bildnis, o Herr, ein rechter Tröster geworden, und weil sein Holz ja von dem Baume am Frischbrunnen kam, den das Hannele gesät, dank' ich die besseren Jahre, die dann kamen, und wohl auch die Freuden in Deinem Paradiese, mein Heiland, doch gewiß den Nüssen, die das verdammte Weib dort dem Kinde schenkte.‹ Demütig verneigte sie sich wieder; der Sohn Gottes aber wandte sich dem Apostel zu und fragte: ›Nun, Petre?‹

Da rief dieser den Wächtern der Hölle zu: ›Gebet sie frei, – das Himmelsthor steht ihr offen. Wie reich und mannigfaltig, Herr, ist doch die Frucht, die aus der kleinsten Gabe erwächst, wenn sie nur rechte Liebe spendet.‹

›Du sagst es,‹ erwiderte der Heiland und wandte ihm freundlich den Rücken.«

Der Oberst hatte länger gesprochen, als der Arzt es ihm gestattet, und bedurfte der Ruhe; als er aber zum Abendbrot wieder erschien, um die Weihnachtskarpfen mit uns zu verspeisen, sah er den kleinen Hermy mit Karl und Kurt zusammen am Kamin stehen, und dabei nahm er wahr, wie sein Liebling die Augen mit warmem Entzücken auf den für die Großmama bestimmten Nüssen ruhen ließ, und wie die Knaben, die das Brüderchen sonst nur zu gerne neckten, den Kleinen mit solcher Zärtlichkeit umgaben, als ob sie etwas an ihm gut zu machen hätten. Bei Tisch hörten wir, wie Kurt dem Karl sagte: »Das Hermychen hat mit dem Geschenk an die Großmama doch etwas Hübsches getroffen,« und wie der Karl eifrig entgegnete: »Ich hebe mir morgen von meinen Nüssen einige auf und pflanze sie im Frühling.«

»Um eine Krücke für mich daraus zu machen oder um in den Himmel zu kommen?« frug der Oberst.

Da errötete der Junge und wußte keine Antwort zu finden; ich aber trat für ihn ein und versetzte: »Nein, seine Bäume sollen uns alle an Sie erinnern, Herr Oberst, und an Ihre Geschichte. Wenn wir geben, wollen wir es im Gedanken an Sie nur mit rechter Liebe thun, und wenn wir nehmen, auch bei der kleinsten Gabe nur fragen, wie sie gemeint ist.«

Die Heilige Nacht

Als ich fünf Jahre alt war, hatte ich einen großen Kummer. Ich weiß kaum, ob ich seitdem einen größeren gehabt habe. Das war, als meine Großmutter starb. Bis dahin hatte sie jeden Tag auf dem Ecksofa in ihrer Stube gesessen und Märchen erzählt.

Ich weiß es nicht anders, als daß Großmutter dasaß und erzählte, vom Morgen bis zum Abend, und wir Kinder saßen still neben ihr und hörten zu. Das war ein herrliches Leben. Es gab keine Kinder, denen es so gut ging wie uns. Ich erinnere mich nicht an sehr viel von meiner Großmutter. Ich erinnere mich, daß sie schönes, kreideweißes Haar hatte und daß sie sehr gebückt ging und daß sie immer dasaß und an einem Strumpf strickte.

Dann erinnere ich mich auch, daß sie, wenn sie ein Märchen erzählt hatte, ihre Hand auf meinen Kopf zu legen pflegte, und dann sagte sie: »Und das alles ist so wahr, wie daß ich dich sehe und du mich siehst.«

Ich entsinne mich auch, daß sie schöne Lieder singen konnte, aber das tat sie nicht alle Tage. Eines dieser Lieder handelte von einem Ritter und einer Meerjungfrau, und es hatte den Kehrreim: »Es weht so kalt, es weht so kalt, wohl über die weite See.«

Dann entsinne ich mich eines kleinen Gebets, das sie mich lehrte, und eines Psalmverses.

Von allen den Geschichten, die sie mir erzählte, habe ich nur eine schwache, unklare Erinnerung. Nur an eine einzige von ihnen erinnere ich mich so gut, daß ich sie erzählen könnte. Es ist eine kleine Geschichte von Jesu Geburt.

Seht, das ist beinah alles, was ich noch von meiner Großmutter weiß, außer dem, woran ich mich am besten erinnere, nämlich dem großen Schmerz, als sie dahinging. Ich erinnere mich an den Morgen, an dem das Ecksofa leer stand und es unmöglich war, zu begreifen, wie die Stunden des Tages zu Ende gehen sollten. Daran erinnere ich mich. Das vergesse ich nie.

Und ich erinnere mich, daß wir Kinder hingeführt wurden, um die Hand der Toten zu küssen. Und wir hatten Angst, es zu tun, aber da sagte uns jemand, daß wir nun zum letztenmal Großmutter für alle die Freude danken könnten, die sie uns gebracht hatte.

Und ich erinnere mich, wie Märchen und Lieder vom Hause wegfuhren, in einen langen, schwarzen Sarg gepackt, und niemals wiederkamen.

Ich erinnere mich, daß etwas aus dem Leben verschwunden war. Es war, als hätte sich die Tür zu einer ganzen schönen, verzauberten Welt geschlossen, in der wir früher frei aus und ein gehen durften. Und nun gab es niemand mehr, der sich darauf verstand, diese Tür zu öffnen.

Und ich erinnere mich, daß wir Kinder so allmählich lernten, mit Spielzeug und Puppen zu spielen und zu leben wie andere Kinder auch, und da konnte es ja den Anschein haben, als vermißten wir Großmutter nicht mehr, als erinnerten wir uns nicht mehr an sie.

Aber noch heute, nach vierzig Jahren, wie ich dasitze und die Legenden über Christus sammle, die ich drüben im Morgenland gehört habe, wacht die kleine Geschichte von Jesu Geburt, die meine Großmutter zu erzählen pflegte, in mir auf. Und ich bekomme Lust, sie noch einmal zu erzählen und sie auch in meine Sammlung mit aufzunehmen.

Es war an einem Weihnachtstag, alle waren zur Kirche gefahren, außer Großmutter und mir. Ich glaube, wir beide waren im ganzen Hause allein. Wir hatten nicht mitfahren können, weil die eine zu jung und die andere zu alt war. Und alle beide waren wir betrübt, daß wir nicht zum Mettegesang fahren und die Weihnachtslichter sehen konnten. Aber wie wir so in unserer Einsamkeit saßen, fing Großmutter zu erzählen an.

»Es war einmal ein Mann«, sagte sie, »der in die dunkle Nacht hinausging, um sich Feuer zu leihen. Er ging von Haus zu Haus und klopfte an. ›Ihr lieben Leute, helft mir!‹ sagte er. ›Mein Weib hat eben ein Kindlein geboren, und ich muß Feuer anzünden, um sie und den Kleinen zu erwärmen.‹

Aber es war tiefe Nacht, so daß alle Menschen schliefen, und niemand antwortete ihm.

Der Mann ging und ging. Endlich erblickte er in weiter Ferne einen Feuerschein. Da wanderte er dieser Richtung zu und sah, daß das Feuer im Freien brannte. Eine Menge weißer Schafe lagen rings um das Feuer und schliefen, und ein alter Hirt wachte über der Herde. Als der Mann, der Feuer leihen wollte, zu den Schafen kam, sah er, daß drei große Hunde zu Füßen des Hirten ruhten und schliefen. Sie erwachten alle drei bei seinem Kommen und sperrten ihre weiten Rachen auf, als ob sie bellen wollten, aber man vernahm keinen Laut. Der Mann sah, daß sich die Haare auf ihrem Rücken sträubten, er sah, wie ihre scharfen Zähne funkelnd weiß im Feuerschein leuchteten und wie sie auf ihn losstürzten. Er fühlte, daß einer von ihnen nach seinen Beinen schnappte und einer nach seiner Hand und daß einer sich an seine Kehle hängte. Aber die Kinnladen und die Zähne, mit denen die Hunde beißen wollten, gehorchten ihnen nicht, und der Mann litt nicht den kleinsten Schaden.

Nun wollte der Mann weitergehen, um das zu finden, was er brauchte. Aber die Schafe lagen so dicht nebeneinander, Rücken an Rücken, daß er nicht vorwärtskommen konnte. Da stieg der Mann auf die Rücken der Tiere und wanderte über sie hin dem Feuer zu. Und keins von den Tieren wachte auf oder regte sich.«

So weit hatte Großmutter ungestört erzählen können, aber nun konnte ich es nicht lassen, sie zu unterbrechen. »Warum regten sie sich nicht, Großmutter?« fragte ich. »Das wirst du nach einem Weilchen schon erfahren«, sagte Großmutter und fuhr mit ihrer Geschichte fort.

»Als der Mann fast beim Feuer angelangt war, sah der Hirt auf. Es war ein alter, mürrischer Mann, der unwirsch und hart gegen alle Menschen war. Und als er einen Fremden kommen sah, griff er nach seinem langen, spitzigen Stabe, den er in der

Hand zu halten pflegte, wenn er seine Herde hütete, und warf ihn nach ihm. Und der Stab fuhr zischend gerade auf den Mann los, aber ehe er ihn traf, wich er zur Seite und sauste, an ihm vorbei, weit über das Feld.«

Als Großmutter so weit gekommen war, unterbrach ich sie abermals. »Großmutter, warum wollte der Stock den Mann nicht schlagen?« Aber Großmutter ließ es sich nicht einfallen, mir zu antworten, sondern fuhr mit ihrer Erzählung fort.

»Nun kam der Mann zu dem Hirten und sagte zu ihm: ›Guter Freund, hilf mir, und leih mir ein wenig Feuer. Mein Weib hat eben ein Kindlein geboren, und ich muß Feuer machen, um sie und den Kleinen zu erwärmen.‹ Der Hirt hätte am liebsten nein gesagt, aber als er daran dachte, daß die Hunde dem Manne nicht hatten schaden können, daß die Schafe nicht vor ihm davongelaufen waren und daß sein Stab ihn nicht fällen wollte, da wurde ihm ein wenig bange, und er wagte es nicht, dem Fremden das abzuschlagen, was er begehrte. ›Nimm, soviel du brauchst‹, sagte er zu dem Manne.

Aber das Feuer war beinahe ausgebrannt. Es waren keine Scheite und Zweige mehr übrig, sondern nur ein großer Gluthaufen, und der Fremde hatte weder Schaufel noch Eimer, worin er die roten Kohlen hätte tragen können.

Als der Hirt dies sah, sagte er abermals: ›Nimm, soviel du brauchst!‹ Und er freute sich, daß der Mann kein Feuer wegtragen konnte. Aber der Mann beugte sich hinunter, holte die Kohlen mit bloßen Händen aus der Asche und legte sie in seinen Mantel. Und weder versengten die Kohlen seine Hände, als er sie berührte, noch versengten sie seinen Mantel, sondern der Mann trug sie fort, als wenn es Nüsse oder Äpfel gewesen wären.«

Aber hier wurde die Märchenerzählerin zum drittenmal unterbrochen. »Großmutter, warum wollte die Kohle den Mann nicht brennen?«

»Das wirst du schon hören«, sagte Großmutter, und dann erzählte sie weiter.

»Als dieser Hirt, der ein so böser, mürrischer Mann war, dies alles sah, begann er sich bei sich selbst zu wundern: ›Was kann dies für eine Nacht sein, wo die Hunde die Schafe nicht beißen, die Schafe nicht erschrecken, die Lanze nicht tötet und das Feuer nicht brennt?‹ Er rief den Fremden zurück und sagte zu ihm: ›Was ist dies für eine Nacht? Und woher kommt es, daß alle Dinge dir Barmherzigkeit zeigen?‹

Da sagte der Mann: ›Ich kann es dir nicht sagen, wenn du selber es nicht siehst.‹ Und er wollte seiner Wege gehen, um bald ein Feuer anzünden und Weib und Kind wärmen zu können.

Aber da dachte der Hirt, er wolle den Mann nicht ganz aus dem Gesicht verlieren, bevor er erfahren hätte, was dies alles bedeute. Er stand auf und ging ihm nach, bis er dorthin kam, wo der Fremde daheim war.

Da sah der Hirt, daß der Mann nicht einmal eine Hütte hatte, um darin zu wohnen, sondern er hatte sein Weib und sein Kind in einer Berggrotte liegen, wo es nichts gab als nackte, kalte Steinwände.

Aber der Hirt dachte, daß das arme unschuldige Kindlein vielleicht dort in der Grotte erfrieren würde, und obgleich er ein harter Mann war, wurde er davon doch ergriffen und beschloß, dem Kinde zu helfen. Und er löste sein Ränzel von der Schulter und nahm daraus ein weiches, weißes Schaffell hervor. Das gab er dem fremden Manne und sagte, er möge das Kind darauf betten.

Aber in demselben Augenblick, in dem er zeigte, daß auch er barmherzig sein konnte, wurden ihm die Augen geöffnet, und er sah, was er vorher nicht hatte sehen, und hörte, was er vorher nicht hatte hören können.

Er sah, daß rund um ihn ein dichter Kreis von kleinen, silberbeflügelten Englein stand. Und jedes von ihnen hielt ein Saitenspiel in der Hand, und alle sangen sie mit lauter Stimme, daß in dieser Nacht der Heiland geboren wäre, der die Welt von ihren Sünden erlösen solle.

Da begriff er, warum in dieser Nacht alle Dinge so froh waren, daß sie niemand etwas zuleide tun wollten. Und nicht nur rings um den Hirten waren Engel, sondern er sah sie überall. Sie saßen in der Grotte, und sie saßen auf dem Berge, und sie flogen unter dem Himmel. Sie kamen in großen Scharen über den Weg gegangen, und wie sie vorbeikamen, blieben sie stehen und warfen einen Blick auf das Kind.

Es herrschte eitel Jubel und Freude und Singen und Spiel, und das alles sah er in der dunklen Nacht, in der er früher nichts zu gewahren vermocht hatte. Und er wurde so froh, daß seine Augen geöffnet waren, daß er auf die Knie fiel und Gott dankte.«

Aber als Großmutter soweit gekommen war, seufzte sie und sagte: »Aber was der Hirte sah, das könnten wir auch sehen, denn die Engel fliegen in jeder Weihnachtsnacht unter dem Himmel, wenn wir sie nur zu gewahren vermögen.«

Und dann legte Großmutter ihre Hand auf meinen Kopf und sagte: »Dies sollst du dir merken, denn es ist so wahr, wie daß ich dich sehe und du mich siehst. Nicht auf Lichter und Lampen kommt es an, und es liegt nicht an Mond und Sonne, sondern was not tut, ist, daß wir Augen haben, die Gottes Herrlichkeit sehen können.«

Nachweise

Andersen, Hans Christian (1805–1875): Der Tannenbaum; Die Schneekönigin. In: Ders.: Die schönsten Märchen. Frankfurt am Main 2009.

Anonymus: Das fremde Kind. In: Märchen und Geschichten zur Weihnachtszeit. Hrsg. v. Erich Ackermann. Frankfurt am Main 1987.

Anonymus: Die Stadtmaus und die Feldmaus. In: Peter Christian Asbjørnsen u. Jørgen Moe: Nordische Volks- und Hausmärchen. München 1909.

Árnason, Jón (1819–1888): Die Alfkönigin; Ketil von Silfrunarstad. In: Ders.: Isländische Märchen und Volkssagen. Berlin 1919.

Asbjørnsen, Peter Christian (1812–1885): Die kleinen Leute auf der Sandfläche. Norwegisches Märchen. In: Nord und Süd. Ein Märchen-Strauß von Peter Christian Asbjørnsen und Johann Georg Theodor Gräße. Dresden 1858.

Branchart, Auguste (unbekannt): Silberfältchen. Ein Weihnachtsmärchen. Stuttgart 1918.

Büchner, Luise (1821–1877): Die Geschichte von der Frau Holle: In: Dies.: Weihnachtsmärchen für Kinder. Glogau 1867.

Dostojewski, Fjodor M. (1821–1881): Der Knabe am Weihnachtsabend beim Herrn Jesu. Aus dem Russischen von Ilma Rakusa. In: Kinder in der Weltliteratur. Erzählungen. Hrsg. v. Federico Hindermann. Zürich 1981.

Ebers, Georg (1837–1898): Die Nüsse. Ein Weihnachtsmärchen für meine Kinder und Enkel. In: Ders.: Drei Märchen für Jung und Alt. Gesammelte Werke. Bd. 21. Stuttgart u. a. [o. J.]

Gelber, Adolf (1856–1923): Schneewittchens Weihnachten im Walde. Wien [1914].

Grundtvig, Svend (1824–1883): In Hülle und Fülle. In: Ders.: Dänische Volksmärchen. Leipzig 1879.

Hermes von Baer, Marie (1866–1929): Schlitzohrs Weihnachten. In: Dies.: Königin Goldhaar und andere Weihnachtsmärchen. Friedewald-Dresden 1915.

Hoffmann, E.T.A. (1776–1822): Nußknacker und Mausekönig. Aus: Die Serapions-Brüder. München 1963.

Kyber, Manfred (1880–1933): Der kleine Tannenbaum. In: Ders.: Gesammelte Märchen. Hamburg 1949.

Lagerlöf, Selma (1858–1940): Die Heilige Nacht. Aus dem Schwedischen von Marie Franzos. In: Dies.: Geschichten zur Weihnachtszeit. © 1948 by nymphenburger in der F.A. Herbig Verlagsbuchhandlung GmbH, München.

Löns, Hermann (1866–1914): Der allererste Weihnachtsbaum; Der Wicht vom Heidegrab. In: Ders.: Sämtliche Werke in acht Bänden. Erster Band. Leipzig 1923.

Noë, Heinrich (1835–1896): Rauhnacht-Abenteuer. In: Ders.: Deutsches Alpenbuch. München 1868.

Heinrich Pröhle (1822–1895): Das Tannenbäumchen Waldgrüne*. In: Ders.: Kinder- und Volksmärchen. Leipzig 1853.

Reinheimer, Sophie (1874–1935): Der Schnee. In: Dies.: Von Winter und Weihnacht. Leipzig [um 1930].

Der mit * gekennzeichnete Titel stammt von der Herausgeberin.

Hans Christian Andersen

Die schönsten Märchen

Band 90222

Die Märchen von Hans Christian Andersen versetzen uns in eine märchenhafte Wirklichkeit. Sie spiegeln dabei die Schwächen der Menschen, ihre Träume und Wünsche: Der Kaiser in ›Des Kaisers neue Kleider‹ bleibt nackt, weil er sich von Betrügern bei seinem Stolz packen lässt. ›Die kleine Meerjungfrau‹ gibt ihre Stimme und schließlich ihr Leben hin, um wenigstens auf menschliche Liebe hoffen zu können.

Inhalt: ›Däumelinchen‹, ›Der standhafte Zinnsoldat‹, ›Der kleine Klaus und der große Klaus‹, ›Das häßliche Entlein‹ und viele andere.

Fischer Taschenbuch Verlag

fi 90222 / 1

Thomas Mann

Weihnachten mit Thomas Mann

Herausgegeben von Sascha Michel

Band 90219

»Denn es ist doch merkwürdig, welche Verklärung die Dinge durch das Weihnachtskerzenlicht erfahren, für Klein und Groß. So ein Spazierstock, eine Frühstückstasse, ein Taschenmesser, oder was es sei, hört auf, Ware zu sein und wird ›Gabe‹, etwas vom Himmel und von der Liebe Kommendes, das einem lieb bleibt durch die Art des Empfangs.«

Thomas Mann

Fischer Taschenbuch Verlag

fi 90219 / 1